U0939500

中國歷史紀年表

萬國鼎 編
萬斯年 陳夢家 補訂

中華書局

圖書在版編目(CIP)數據

中國歷史紀年表 / 萬國鼎編;萬斯年,陳夢家補訂. —北京:中華書局, 2018. 8(2025. 1 重印)

ISBN 978-7-101-13317-2

Ⅰ. 中… Ⅱ. ①萬…②萬…③陳… Ⅲ. 中國歷史-歷史年表 Ⅳ. K208

中國版本圖書館 CIP 數據核字(2018)第 137643 號

書　　名	中國歷史紀年表
編　　者	萬國鼎
補 訂 者	萬斯年　陳夢家
責任編輯	俞國林
責任印製	陳麗娜
出版發行	中華書局 (北京市豐臺區太平橋西里 38 號　100073) http://www.zhbc.com.cn E-mail:zhbc@zhbc.com.cn
印　　刷	北京盛通印刷股份有限公司
版　　次	2018 年 8 月第 1 版 2025 年 1 月第 13 次印刷
規　　格	開本/920×1250 毫米　1/64 印張 3⅛　插頁 3　字數 130 千字
印　　數	65001-71000 册
國際書號	ISBN 978-7-101-13317-2
定　　價	18.00 元

目　録

上　編

下　編

重編敘

準確簡明的歷史年表,不但是從事研究教學歷史、地理、考古和其它學科的必要工具書,也是文物工作者、圖書館工作者、博物館工作者、文化館工作者、編輯工作者等所不能缺少的工具書。最近幾年來,我常常受到上述的一些工作同志關於年代上的詢問,而其問題的焦點是怎樣找到準確的各朝年代和怎樣處理共和以前的年代。爲了更具體的答覆這些問題,我重印了西周年代考和六國紀年兩書,並且寫了商殷與夏周的年代問題。此數篇中,我一再論述了竹書紀年的可靠性,劉歆三統曆中關於古年代的記載是有意改造的。今天重構上古年代誠然還有許多困難,但我們首先要摒棄劉歆的説法,而他的説法支配了宋以來許多講年曆的書,一直到今天還没有停止。

萬國鼎先生從前編印的"中西對照歷代

紀年圖表”,是一本簡明易用的小册子。當抗戰期間,我在昆明鄉下,常常利用它檢查和計算古代年數。自我重回北京以後,因爲找不到這册小書,常覺不便。我因此寫信給他,希望他修正再版。國鼎先生現在南京農學院作中國古代農書的編撰工作,分不出時間來改訂年表,他要我補充上古的部分,並加以修訂。我乃約請了萬斯年先生共同參加修訂的工作。然我們三個人各在一處,不能會同商量,這一小册的重版,除了萬國鼎先生的原編以外,很多得力於萬斯年先生的細心補充和改作。

原編的“公元甲子檢查表”也已作了必要的補充與修正,加入了南詔、大理、渤海、東丹等的年號。這是原編中最主要的部分。“歷史年代總表”,據原編加以改訂,漢以前的由我改動,漢以後的是斯年先生所改。由郭義孚先生繪圖。這個表,放大了可以作爲教學和圖書館、博物館、文化館掛圖之用。

在下編中,“夏商周年代簡表”至“兩周

諸侯存亡表”,是我編作的。“秦以後主要朝代年表”是斯年先生編作的。其它各表也經斯年先生據原編加以改訂補充。爲了查考原書他费了很大的工夫。最後的索引,由戚志芬先生加以修正和補充,增加了不少。

這個年表是簡明的年表,僅供大體上對照查檢之用,不是十分嚴密的。就建元改年號來説:有一年之中改元在一次以上的,在簡表中只記一個年號;有前後年號相交錯於一年的,譬如唐高宗 龍朔元年是辛酉年二月改的,二月以前仍是顯慶六年。就中西曆的對照而説:公元的某年不是和我國某年號某年完整的同在一年之内,常有我國某年之尾是公元某年之初,譬如金田起義依中曆説在道光三十年十二月十日,道光三十年大部分相當於公元 1850 年,而道光三十年十二月十日則在公元 1851 年 1 月 11 日。讀者要細校這些差别,可參考商務出版的“兩千年中西曆對照表(公元 1—2000)”。

我們原打算增加農民起義的年號及以漢字紀年的朝鮮、越南的年號，但由於各人工作繁忙，一時趕不出來。就是現在付印的這册小書，也還不免存在一些錯誤和問題。我們請求讀者，當它是一本便於翻檢的工具書，在應用時若發現了錯誤，請即通知我們，以便修改。

國鼎先生初版自序，提到當時此書之出版，乃受到李小緣先生的慫恿。今年夏天，國鼎先生北來相見，始計議此書的重行編印。現在粗已告成，希望它可使讀者得到便利。

一九五五年九月杪，陳夢家記於北京東廠

上　编

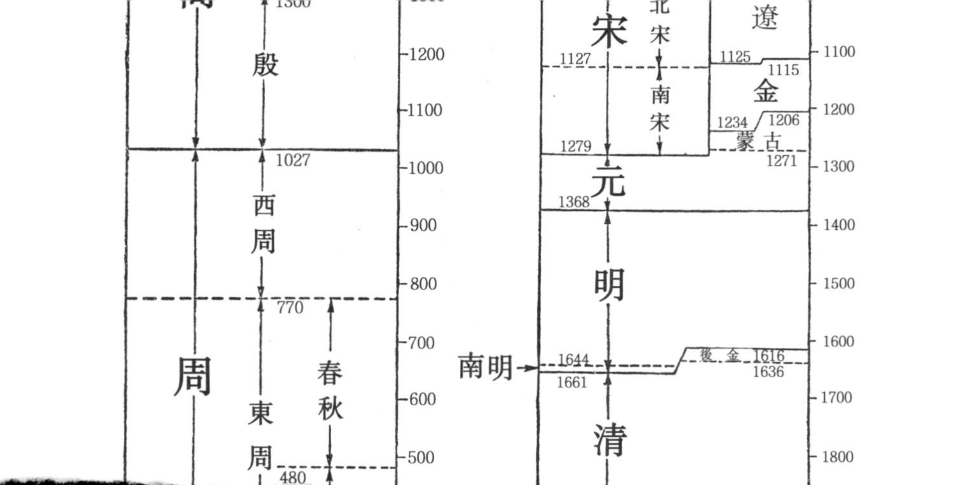
殷
1200
1100
1027
1000
西周
900
800
770
700
周
東周
春秋
600
500
480
宋
北宋
南宋
遼
1127
1125
1115
1100
金
1200
1234
1206
蒙古
1279
1271
1300
元
1368
1400
明
1500
1600
後金
1616
1636
1644
南明
1661
1700
清
1800

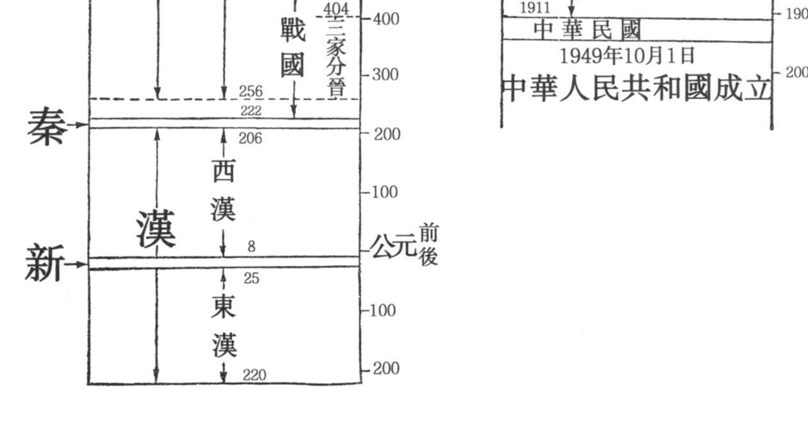

戰國
三家分晉
404
256
222
秦
206
西漢
漢
8
新
25
東漢
220
400
300
200
100
公元前
公元後
100
200
1911
1900
中華民國
1949年10月1日
中華人民共和國成立
2000

歷史年代總表

2100
2000
1900
1800
1700
1600
1500
1400
夏
商
武周
220
魏 265
蜀 263
吴 280
西晉
317
晉
東晉
420
304
十六國
386
439
宋
479
齊
502
梁
557
陳
589
北魏
534
東魏
西魏
北齊
北周
隋 581
618
684
705
唐
907
五代
960
十國
979
916
契丹
300
400
500
600
700
800
900

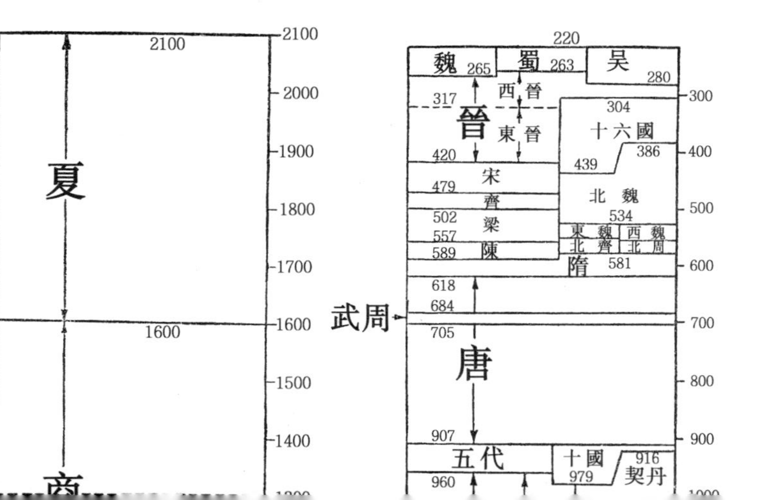

公元甲子紀年表

説　明

（1）本表將中國紀元與公元對照。每面五十年，分填五十格。格内載帝王廟號年號及紀元。格外爲公元。天干記於格外，與同一横行内之地支合讀，即爲是年之甲子。

例——第四面第三直行之第三格爲〔宣王1〕即周宣王元年甲戌，公元前827年。其上一格，則爲周共和十四年癸酉，公元前828年。

（2）本表於易代之際，一年有兩年號者，祇載改元之首年，略去舊元之末年。其新君未逾年而改元者亦同。又同屬一君，未一年而年號數改者，或新君改元未逾年而復易君改元者，則用最後所改之年；惟於索引中則悉行編入，以免遺漏。

周

〔公元前〕	84	83	82 宣王靖	81	80
9 壬	【周】厲王	3 戌	13 申	9 午	19 辰
8 癸		4 亥	14 酉	10 未	20 巳
7 甲		5 子	宣王 1 戌	11 申	21 午
6 乙		6 丑	2 亥	12 酉	22 未
5 丙		7 寅	3 子	13 戌	23 申
4 丁		8 卯	4 丑	14 亥	24 酉
3 戊		9 辰	5 寅	15 子	25 戌
2 己		10 巳	6 卯	16 丑	26 亥
1 庚	共和 1 申	11 午	7 辰	17 寅	27 子
0 辛	2 酉	12 未	8 巳	18 卯	28 丑

周

西周　東周（前770—前256）春秋（前770—前481）

幽王宫湼　　平王宜臼

		79	78	77	76	75
9	壬	29 寅	39 子	3 戌	2 申	12 午
8	癸	30 卯	40 丑	4 亥	3 酉	13 未
7	甲	31 辰	41 寅	5 子	4 戌	14 申
6	乙	32 巳	42 卯	6 丑	5 亥	15 酉
5	丙	33 午	43 辰	7 寅	6 子	16 戌
4	丁	34 未	44 巳	8 卯	7 丑	17 亥
3	戊	35 申	45 午	9 辰	8 寅	18 子
2	己	36 酉	46 未	10 巳	9 卯	19 丑
1	庚	37 戌	幽王 1 申	11 午	10 辰	20 寅
0	辛	38 亥	2 酉	平王 1 未	11 巳	21 卯

桓王林

	74	73	72	71	70
9 壬	22 辰	32 寅	42 子	桓王 1 戌	11 申
8 癸	23 巳	33 卯	43 丑	2 亥	12 酉
7 甲	24 午	34 辰	44 寅	3 子	13 戌
6 乙	25 未	35 巳	45 卯	4 丑	14 亥
5 丙	26 申	36 午	46 辰	5 寅	15 子
4 丁	27 酉	37 未	47 巳	6 卯	16 丑
3 戊	28 戌	38 申	48 午	7 辰	17 寅
2 己	29 亥	39 酉	49 未	8 巳	18 卯
1 庚	30 子	40 戌	50 申	9 午	19 辰
0 辛	31 丑	41 亥	51 酉	10 未	20 巳

周 春秋（前770—前481）

	莊王佗 69	釐王胡齊 68	惠王閬 67	 66	襄王鄭 65
9 壬	21 午	8 辰	3 寅	8 子	18 戌
8 癸	22 未	9 巳	4 卯	9 丑	19 亥
7 甲	23 申	10 午	5 辰	10 寅	20 子
6 乙	莊王 1 酉	11 未	惠王 1 巳	11 卯	21 丑
5 丙	2 戌	12 申	2 午	12 辰	22 寅
4 丁	3 亥	13 酉	3 未	13 巳	23 卯
3 戊	4 子	14 戌	4 申	14 午	24 辰
2 己	5 丑	15 亥	5 酉	15 未	25 巳
1 庚	6 寅	釐王 1 子	6 戌	16 申	襄王 1 午
0 辛	7 卯	2 丑	7 亥	17 酉	2 未

頃王壬臣　定王瑜

匡王班

	64	63	62	61	60
9 壬	3 申	13 午	23 辰	33 寅	4 子
8 癸	4 酉	14 未	24 巳	頃王 1 卯	5 丑
7 甲	5 戌	15 申	25 午	2 辰	6 寅
6 乙	6 亥	16 酉	26 未	3 巳	定王 1 卯
5 丙	7 子	17 戌	27 申	4 午	2 辰
4 丁	8 丑	18 亥	28 酉	5 未	3 巳
3 戊	9 寅	19 子	29 戌	6 申	4 午
2 己	10 卯	20 丑	30 亥	匡王 1 酉	5 未
1 庚	11 辰	21 寅	31 子	2 戌	6 申
0 辛	12 巳	22 卯	32 丑	3 亥	7 酉

簡王夷　　靈王泄心

周 春秋

	59	58	57	56	55
9 壬	8 戌	18 申	7 午	3 辰	13 寅
8 癸	9 亥	19 酉	8 未	4 巳	14 卯
7 甲	10 子	20 戌	9 申	5 午	15 辰
6 乙	11 丑	21 亥	10 酉	6 未	16 巳
5 丙	12 寅	簡王 1 子	11 戌	7 申	17 午
4 丁	13 卯	2 丑	12 亥	8 酉	18 未
3 戊	14 辰	3 寅	13 子	9 戌	19 申
2 己	15 巳	4 卯	14 丑	10 亥	20 酉
1 庚	16 午	5 辰	靈王 1 寅	11 子	21 戌
0 辛	17 未	6 巳	2 卯	12 丑	22 亥

		景王貴			敬王匄	
		54	53	52	51	50
9	壬	23 子	6 戌	16 申	敬王 1 午	11 辰
8	癸	24 丑	7 亥	17 酉	2 未	12 巳
7	甲	25 寅	8 子	18 戌	3 申	13 午
6	乙	26 卯	9 丑	19 亥	4 酉	14 未
5	丙	27 辰	10 寅	20 子	5 戌	15 申
4	丁	景王 1 巳	11 卯	21 丑	6 亥	16 酉
3	戊	2 午	12 辰	22 寅	7 子	17 戌
2	己	3 未	13 巳	23 卯	8 丑	18 亥
1	庚	4 申	14 午	24 辰	9 寅	19 子
0	辛	5 酉	15 未	25 巳	10 卯	20 丑

元王仁　　貞定王介

	49	48	47	46	45
9 壬	21 寅	31 子	41 戌	8 申	10 午
8 癸	22 卯	32 丑	42 亥	貞定王 1 酉	11 未
7 甲	23 辰	33 寅	43 子	2 戌	12 申
6 乙	24 巳	34 卯	元王 1 丑	3 亥	13 酉
5 丙	25 午	35 辰	2 寅	4 子	14 戌
4 丁	26 未	36 巳	3 卯	5 丑	15 亥
3 戊	27 申	37 午	4 辰	6 寅	16 子
2 己	28 酉	38 未	5 巳	7 卯	17 丑
1 庚	29 戌	39 申	6 午	8 辰	18 寅
0 辛	30 亥	40 酉	7 未	9 巳	19 卯

		考王嵬		威烈王午		安王驕
		44	43	42	41	40
9	壬	20 辰	2 寅	12 子	7 戌	17 申
8	癸	21 巳	3 卯	13 丑	8 亥	18 酉
7	甲	22 午	4 辰	14 寅	9 子	19 戌
6	乙	23 未	5 巳	15 卯	10 丑	20 亥
5	丙	24 申	6 午	威烈王 1 辰	11 寅	21 子
4	丁	25 酉	7 未	2 巳	12 卯	22 丑
3	戊	26 戌	8 申	3 午	13 辰	23 寅
2	己	27 亥	9 酉	4 未	14 巳	24 卯
1	庚	28 子	10 戌	5 申	15 午	安王 1 辰
0	辛	考王 1 丑	11 亥	6 酉	16 未	2 巳

周 戰國

烈王喜　　顯王扁

		39	38	37	36	35
9	壬	3 午	13 辰	23 寅	7 子	10 戌
8	癸	4 未	14 巳	24 卯	顯王 1 丑	11 亥
7	甲	5 申	15 午	25 辰	2 寅	12 子
6	乙	6 酉	16 未	26 巳	3 卯	13 丑
5	丙	7 戌	17 申	烈王 1 午	4 辰	14 寅
4	丁	8 亥	18 酉	2 未	5 巳	15 卯
3	戊	9 子	19 戌	3 申	6 午	16 辰
2	己	10 丑	20 亥	4 酉	7 未	17 巳
1	庚	11 寅	21 子	5 戌	8 申	18 午
0	辛	12 卯	22 丑	6 亥	9 酉	19 未

慎靚王定　赧王延

		34	33	32	31	30
9	壬	20 申	30 午	40 辰	2 寅	6 子
8	癸	21 酉	31 未	41 巳	3 卯	7 丑
7	甲	22 戌	32 申	42 午	4 辰	8 寅
6	乙	23 亥	33 酉	43 未	5 巳	9 卯
5	丙	24 子	34 戌	44 申	6 午	10 辰
4	丁	25 丑	35 亥	45 酉	赧王 1 未	11 巳
3	戊	26 寅	36 子	46 戌	2 申	12 午
2	己	27 卯	37 丑	47 亥	3 酉	13 未
1	庚	28 辰	38 寅	48 子	4 戌	14 申
0	辛	29 巳	39 卯	慎靚王 1 丑	5 亥	15 酉

秦昭王稷

孝文王柱

周 戰國 秦

	29	28	27	26	25
9 壬	16 戌	26 申	36 午	46 辰	56 寅
8 癸	17 亥	27 酉	37 未	47 巳	57 卯
7 甲	18 子	28 戌	38 申	48 午	58 辰
6 乙	19 丑	29 亥	39 酉	49 未	59 巳
5 丙	20 寅	30 子	40 戌	50 申	秦昭王 52 午
4 丁	21 卯	31 丑	41 亥	51 酉	53 未
3 戊	22 辰	32 寅	42 子	52 戌	54 申
2 己	23 巳	33 卯	43 丑	53 亥	55 酉
1 庚	24 午	34 辰	44 寅	54 子	56 戌
0 辛	25 未	35 巳	45 卯	55 丑	秦孝文王 1 亥

		莊襄王楚 始皇帝政	秦		漢 二世胡亥	高祖劉邦
		24	23	22	21	20
9	壬	秦莊襄王 1 子	8 戌	18 申	28 午	二世 1 辰
8	癸	2 丑	9 亥	19 酉	29 未	2 巳
7	甲	3 寅	10 子	20 戌	30 申	3 午
6	乙	秦王政 1 （始皇帝） 卯	11 丑	21 亥	31 酉	【漢】高祖 1 未
5	丙	2 辰	12 寅	22 子	32 戌	2 申
4	丁	3 巳	13 卯	23 丑	33 亥	3 酉
3	戊	4 午	14 辰	24 寅	34 子	4 戌
2	己	5 未	15 巳	25 卯	35 丑	5 亥
1	庚	6 申	16 午	【秦】始皇帝 26 辰	36 寅	6 子
0	辛	7 酉	17 未	27 巳	37 卯	7 丑

秦漢 西漢

	惠帝盈		文帝恒		景帝啓
	19	18	17	16	15
9 壬	8 寅	6 子	文帝前元 1 戌	11 申	5 午
8 癸	9 卯	7 丑	2 亥	12 酉	6 未
7 甲	10 辰	呂后 1 寅	3 子	13 戌	7 申
6 乙	11 巳	2 卯	4 丑	14 亥	景帝前元 1 酉
5 丙	12 午	3 辰	5 寅	15 子	2 戌
4 丁	惠帝 1 未	4 巳	6 卯	16 丑	3 亥
3 戊	2 申	5 午	7 辰	後元 1 寅	4 子
2 己	3 酉	6 未	8 巳	2 卯	5 丑
1 庚	4 戌	7 申	9 午	3 辰	6 寅
0 辛	5 亥	8 酉	10 未	4 巳	7 卯

前 183 南越王趙佗稱帝

武帝徹

		14	13	12	11	10
9	壬	中元 1 辰	2 寅	6 子	4 戌	2 申
8	癸	2 巳	3 卯	元朔 1 丑	5 亥	3 酉
7	甲	3 午	4 辰	2 寅	6 子	4 戌
6	乙	4 未	5 巳	3 卯	元鼎 1 丑	5 亥
5	丙	5 申	6 午	4 辰	2 寅	6 子
4	丁	6 酉	元光 1 未	5 巳	3 卯	太初 1 丑
3	戊	後元 1 戌	2 申	6 午	4 辰	2 寅
2	己	2 亥	3 酉	元狩 1 未	5 巳	3 卯
1	庚	3 子	4 戌	2 申	6 午	4 辰
0	辛	武帝建元 1 丑	5 亥	3 酉	元封 1 未	天漢 1 巳

前 111 南越平

昭帝弗陵　　宣帝詢

漢 西漢

	9	8	7	6	5
9 壬	2 午	4 辰	2 寅	地節 1 子	3 戌
8 癸	3 未	後元 1 巳	3 卯	2 丑	4 亥
7 甲	4 申	2 午	4 辰	3 寅	五鳳 1 子
6 乙	太始 1 酉	昭帝始元 1 未	5 巳	4 卯	2 丑
5 丙	2 戌	2 申	6 午	元康 1 辰	3 寅
4 丁	3 亥	3 酉	元平 1 未	2 巳	4 卯
3 戊	4 子	4 戌	宣帝本始 1 申	3 午	甘露 1 辰
2 己	征和 1 丑	5 亥	2 酉	4 未	2 巳
1 庚	2 寅	6 子	3 戌	神爵 1 申	3 午
0 辛	3 卯	元鳳 1 丑	4 亥	2 酉	4 未

		元帝奭	成帝驁			哀帝欣
		4	3	2	1	0
9	壬	黃龍 1 申	5 午	4 辰	2 寅	4 子
8	癸	元帝初元 1 酉	建昭 1 未	河平 1 巳	3 卯	綏和 1 丑
7	甲	2 戌	2 申	2 午	4 辰	2 寅
6	乙	3 亥	3 酉	3 未	永始 1 巳	哀帝建平 1 卯
5	丙	4 子	4 戌	4 申	2 午	2 辰
4	丁	5 丑	5 亥	陽朔 1 酉	3 未	3 巳
3	戊	永光 1 寅	竟寧 1 子	2 戌	4 申	4 午
2	己	2 卯	成帝建始 1 丑	3 亥	元延 1 酉	元壽 1 未
1	庚	3 辰	2 寅	4 子	2 戌	2 申
0	辛	4 巳	3 卯	鴻嘉 1 丑	3 亥	〔接後〕

〔公元前〕

平帝衎　淮陽王劉玄　**東漢** 光武帝劉秀
孺子嬰
新王莽

〔公元〕	0	1	2	3	4
0 庚	〔接前〕	2 午	地皇 1 辰	6 寅	16 子
1 辛	平帝元始1 酉	3 未	2 巳	7 卯	17 丑
2 壬	2 戌	4 申	3 午	8 辰	18 寅
3 癸	3 亥	5 酉	漢淮陽王更始 1 未	9 巳	19 卯
4 甲	4 子	天鳳 1 戌	2 申	10 午	20 辰
5 乙	5 丑	2 亥	【東漢】光武帝建武 1 酉	11 未	21 巳
6 丙	孺子嬰居摄 1 寅	3 子	2 戌	12 申	22 午
7 丁	2 卯	4 丑	3 亥	13 酉	23 未
8 戊	初始 1 辰	5 寅	4 子	14 戌	24 申
9 己	王莽始建國 1 巳	6 卯	5 丑	15 亥	25 酉

漢
東漢

	明帝莊		章帝炟	和帝肇	
	5	6	7	8	9
0 庚	26 戌	3 申	13 午	5 辰	2 寅
1 辛	27 亥	4 酉	14 未	6 巳	3 卯
2 壬	28 子	5 戌	15 申	7 午	4 辰
3 癸	29 丑	6 亥	16 酉	8 未	5 巳
4 甲	30 寅	7 子	17 戌	元和 1 申	6 午
5 乙	31 卯	8 丑	18 亥	2 酉	7 未
6 丙	中元 1 辰	9 寅	章帝建初 1 子	3 戌	8 申
7 丁	2 巳	10 卯	2 丑	章和 1 亥	9 酉
8 戊	明帝永平 1 午	11 辰	3 寅	2 子	10 戌
9 己	2 未	12 巳	4 卯	和帝永元 1 丑	11 亥

東漢

	殤帝隆 安帝祜		順帝保		沖帝炳 質帝纘 桓帝志
	10	11	12	13	14
0 庚	12 子	4 戌	永寧 1 申	5 午	5 辰
1 辛	13 丑	5 亥	建光 1 酉	6 未	6 巳
2 壬	14 寅	6 子	延光 1 戌	陽嘉 1 申	漢安 1 午
3 癸	15 卯	7 丑	2 亥	2 酉	2 未
4 甲	16 辰	元初 1 寅	3 子	3 戌	建康 1 申
5 乙	元興 1 巳	2 卯	4 丑	4 亥	沖帝永嘉 1 酉
6 丙	殤帝延平 1 午	3 辰	順帝永建 1 寅	永和 1 子	質帝本初 1 戌
7 丁	安帝永初 1 未	4 巳	2 卯	2 丑	桓帝建和 1 亥
8 戊	2 申	5 午	3 辰	3 寅	2 子
9 己	3 酉	6 未	4 巳	4 卯	3 丑

		靈帝宏			獻帝協
	15	16	17	18	19
0 庚	和平 1 寅	3 子	3 戌	3 申	獻帝初平 1 午
1 辛	元嘉 1 卯	4 丑	4 亥	4 酉	2 未
2 壬	2 辰	5 寅	熹平 1 子	5 戌	3 申
3 癸	永興 1 巳	6 卯	2 丑	6 亥	4 酉
4 甲	2 午	7 辰	3 寅	中平 1 子	興平 1 戌
5 乙	永壽 1 未	8 巳	4 卯	2 丑	2 亥
6 丙	2 申	9 午	5 辰	3 寅	建安 1 子
7 丁	3 酉	永康 1 未	6 巳	4 卯	2 丑
8 戊	延熹 1 戌	靈帝建寧 1 申	光和 1 午	5 辰	3 寅
9 己	2 亥	2 酉	2 未	6 巳	4 卯

三國　魏　文帝曹丕　明帝叡　邵陵厲公芳　高貴鄉公髦　元帝奐　蜀　昭烈帝劉備　後主禪

東漢　三國

		20	21	22	23	24
0	庚	5 辰	15 寅	【魏】文帝黃初1 子	4 戌 8 2	邵陵厲公正始1 申 3 3
1	辛	6 巳	16 卯	2 丑 【蜀】昭烈帝章武1	5 亥 9 3	2 酉 4 4
2	壬	7 午	17 辰	3 寅 2 【吳】大帝黃武1	6 子 10 嘉禾1	3 戌 5 5
3	癸	8 未	18 巳	4 卯 後主建興1 2	青龍1 丑 11 2	4 亥 6 6
4	甲	9 申	19 午	5 辰 2 3	2 寅 12 3	5 子 7 7
5	乙	10 酉	20 未	6 巳 3 4	3 卯 13 4	6 丑 8 8
6	丙	11 戌	21 申	7 午 4 5	4 辰 14 5	7 寅 9 9
7	丁	12 亥	22 酉	明帝太和1 未 5 6	景初1 巳 15 6	8 卯 10 10
8	戊	13 子	23 戌	2 申 6 7	2 午 延熙1 赤烏1	9 辰 11 11
9	己	14 丑	24 亥	3 酉 7 黃龍1	3 未 2 2	嘉平1 巳 12 12

	吴 大帝孫權 侯官侯亮 景帝休 歸命侯皓 25	晉 武帝司馬炎 26	27	28	惠帝衷 29
0 庚	2 午 13 13	元帝景元 1 辰 3 3	6 寅 2	太康 1 子 4	惠帝永熙 1 戌
1 辛	3 未 14 太元 1	2 巳 4 4	7 卯 3	2 丑	元康 1 亥
2 壬	4 申 15 侯官侯建興 1	3 午 5 5	8 辰 鳳凰 1	3 寅	2 子
3 癸	5 酉 16 2	4 未 炎興 1 6	9 巳 2	4 卯	3 丑
4 甲	高貴鄉公正元1 戌 17 五鳳 1	咸熙 1 申 歸命侯元興1	10 午 3	5 辰	4 寅
5 乙	2 亥 18 2	【晉】武帝泰始1 酉 甘露 1	咸寧 1 未 天冊 1	6 巳	5 卯
6 丙	甘露 1 子 19 太平 1	2 戌 寶鼎 1	2 申 天璽 1	7 午	6 辰
7 丁	2 丑 20 2	3 亥 2	3 酉 天紀 1	8 未	7 巳
8 戊	3 寅 景耀 1 景帝永安 1	4 子 3	4 戌 2	9 申	8 午
9 己	4 卯 2 2	5 丑 建衡 1	5 亥 3	10 酉	9 未

懷帝熾　　東晉　　愍帝鄴 元帝睿　　明帝紹 成帝衍　　康帝岳 穆帝聃

晉　東晉

（五胡十六國自304前趙建國起）

		30	31	32	33	34
0	庚	永康 1 申	4 午	3 辰	5 寅	6 子
1	辛	永寧 1 酉	5 未	4 巳	6 卯	7 丑
2	壬	太安 1 戌	6 申	永昌 1 午	7 辰	8 寅
3	癸	2 亥	愍帝建興 1 酉	明帝太寧 1 未	8 巳	康帝建元 1 卯
4	甲	永興 1 子	2 戌	2 申	9 午	2 辰
5	乙	2 丑	3 亥	3 酉	咸康 1 未	穆帝永和 1 巳
6	丙	光熙 1 寅	4 子	成帝咸和 1 戌	2 申	2 午
7	丁	懷帝永嘉 1 卯	【東晉】元帝建武 1 丑	2 亥	3 酉	3 未
8	戊	2 辰	大興 1 寅	3 子	4 戌	4 申
9	己	3 巳	2 卯	4 丑	5 亥	5 酉

		哀帝丕 海西公奕	簡文帝昱 孝武帝曜		安帝德宗
	35	36	37	38	39
0 庚	6 戌	4 申	5 午	5 辰	15 寅
1 辛	7 亥	5 酉	簡文帝咸安 1 未	6 巳	16 卯
2 壬	8 子	哀帝隆和 1 戌	2 申	7 午	17 辰
3 癸	9 丑	興寧 1 亥	孝武帝寧康 1 酉	8 未	18 巳
4 甲	10 寅	2 子	2 戌	9 申	19 午
5 乙	11 卯	3 丑	3 亥	10 酉	20 未
6 丙	12 辰	海西公太和 1 寅	太元 1 子	11 【後魏】道武帝登國 戌	21 【後魏】皇始 申
7 丁	升平 1 巳	2 卯	2 丑	12 亥	安帝隆安 1 酉
8 戊	2 午	3 辰	3 寅	13 子	2 【北魏】天興 戌
9 己	3 未	4 巳	4 卯	14 丑	3 亥

【後魏】道武帝拓跋珪

南北朝【宋】武帝劉裕　明帝彧
少帝義符　蒼梧王昱
文帝義隆　順帝準
孝武帝駿

恭帝德文

東晉　南北朝　宋後魏　（五胡十六國至439北涼最後亡止）

		40	41	42	43	44
0	庚	4 子	6 戌	【宋】武帝永初 1 申	7 午	17 【後魏】太平真君 辰
1	辛	5 丑	7 亥	2 酉	8 未	18 巳
2	壬	元興 1 寅	8 子	3 戌	9 【後魏】延和 申	19 午
3	癸	2 卯	9 丑	少帝景平 1 亥	10 酉	20 未
4	甲	3 【後魏】天賜 辰	10 【後魏】神瑞 寅	文帝元嘉 1 【後魏】太武帝始光 子	11 戌	21 申
5	乙	義熙 1 巳	11 卯	2 丑	12 【後魏】太延 亥	22 酉
6	丙	2 午	12 【後魏】泰常 辰	3 寅	13 子	23 戌
7	丁	3 未	13 巳	4 卯	14 丑	24 亥
8	戊	4 申	14 午	5 【後魏】神䴥 辰	15 寅	25 子
9	己	5 【後魏】明元帝永興 酉	恭帝元熙 1 未	6 巳	16 卯	26 丑

【後魏】明元帝嗣　　太武帝燾

【齊】高帝蕭道成　東昏侯寶卷
武帝賾　和帝寶融
明帝鸞

		45	46	47	48	49
0	庚	27 寅	4 【後魏】和平 子	6 戌	2 申	8 午
1	辛	28 【後魏】正平 卯	5 丑	7 【後魏】孝文帝 亥　延興	3 酉	9 未
2	壬	29 【後魏】文成帝 興安 辰	6 寅	泰豫 1 子	4 戌	10 申
3	癸	30 巳	7 卯	蒼梧王元徽 1 丑	武帝永明 1 亥	11 酉
4	甲	孝武帝孝建1 【後魏】興光 午	8 辰	2 寅	2 子	明帝建武 1 戌
5	乙	2 【後魏】太安 未	明帝泰始 1 巳	3 卯	3 丑	2 亥
6	丙	3 申	2 【後魏】獻文帝 天安 午	4 【後魏】承明 辰	4 寅	3 子
7	丁	大明 1 酉	3 【後魏】皇興 未	順帝昇明 1 【後魏】太和 巳	5 卯	4 丑
8	戊	2 戌	4 申	2 午	6 辰	永泰 1 寅
9	己	3 亥	5 酉	【齊】高帝建元 1 未	7 巳	東昏侯永元 1 卯

【後魏】文成帝濬　獻文帝弘　孝文帝宏

【梁】武帝蕭衍　元帝繹
簡文帝綱　敬帝方智
豫章王棟

南北朝

宋　後魏
齊　東魏
梁　西魏

	50	51	52	53	54
0 庚	2 【後魏】宣武帝 辰 景明	9 寅	普通 1 【後魏】正光 子	2 【後魏】東海王 戌 建明	6 申
1 辛	和帝中興 1 巳	10 卯	2 丑	3 【後魏】節閔帝 亥 普泰	7 酉
2 壬	【梁】武帝天監 1 午	11 【後魏】延昌 辰	3 寅	4 【後魏】孝武帝 子 永熙	8 戌
3 癸	2 未	12 巳	4 卯	5 丑	9 【東魏】武定 亥
4 甲	3 【後魏】正始 申	13 午	5 辰	6 【東魏】孝静帝 寅 天平	10 子
5 乙	4 酉	14 未	6 【後魏】孝昌 巳	大同 1 【西魏】文帝 卯 大統	11 丑
6 丙	5 戌	15 【後魏】孝明帝 申 熙平	7 午	2 辰	中大同 1 寅
7 丁	6 亥	16 酉	大通 1 未	3 巳	太清 1 卯
8 戊	7 【後魏】永平 子	17 【後魏】神龜 戌	2 【後魏】孝莊帝 申 永安	4 【東魏】元象 午	2 辰
9 己	8 丑	18 亥	中大通 1 酉	5 【東魏】興和 未	3 巳

【後魏】宣帝武恪
孝明帝詡
孝莊帝子攸
東海王曄
節閔帝恭
孝武帝修

【東魏】孝静帝善見

【西魏】文帝寶炬
廢帝欽
恭帝廓

【陳】武帝陳霸先　宣帝頊
文帝蒨　後主叔寶
臨海王伯宗

隋 文帝楊堅

	55	56	57	58	59
0 庚	簡文帝大寶 1 【北齊】文宣帝 午　天保	文帝天嘉 1 【北齊】孝昭帝 辰　皇建	2 【北齊】武平 寅	12 子	10 戌
1 辛	豫章王天正 1 未	2 【北齊】武成帝太寧 巳【北周】武帝保定	3 卯	13 【北周】大定,亡 丑（隋開皇1）	11 亥
2 壬	元帝承聖 1 【西魏】廢帝 申	3 【北齊】河清 午【後梁】明帝天保	4 【北周】建德 辰	14 寅	12 子
3 癸	2 酉	4 未	5 巳	後主至德 1 卯	13 丑
4 甲	3 【西魏】恭帝 戌	5 申	6 午	2 辰	14 寅
5 乙	敬帝紹泰 1 【後梁】宣帝 亥　大定	6 【北齊】温公天統 酉	7 未	3 巳	15 卯
6 丙	太平 1 子	天康1 【北周】天和 戌	8 【北齊】安德王 申　德昌	4 【後梁】莒公 午　廣運	16 辰
7 丁	【陳】武帝永定 1 【北周】明帝未 丑　建號	臨海王光大 1 亥	9 【北齊】幼主承 光,亡 酉	禎明 1 【後梁】亡 未	17 巳
8 戊	2 寅	2 子	10 【北周】宣政 戌	2 申	18 午
9 己	3 【北周】武成 卯	宣帝太建 1 丑	11 【北周】宣帝大成 靜帝大象 亥	【隋】文帝開皇 9 酉	19 未

【北齊】文宣帝高洋
孝昭帝演
武成帝湛
温公緯
安德王延宗
幼主恒

【北周】明帝宇文毓
武帝邕
宣帝贇
靜帝闡

【後梁】宣帝蕭詧
明帝巋
莒公琮

煬帝廣　唐 高祖李淵　太宗世民
恭帝侑

		60	61	62	63	64
0	庚	20 申	6 午	3 辰	4 寅	14 子
1	辛	仁壽 1 酉	7 未	4 巳	5 卯	15 丑
2	壬	2 戌	8 申	5 午	6 辰	16 寅
3	癸	3 亥	9 酉	6 未	7 巳	17 卯
4	甲	4 子	10 戌	7 申	8 午	18 辰
5	乙	煬帝大業 1 丑	11 亥	8 酉	9 未	19 巳
6	丙	2 寅	12 子	9 戌	10 申	20 午
7	丁	3 卯	恭帝義寧 1 丑	太宗貞觀 1 亥	11 酉	21 未
8	戊	4 辰	【唐】高祖武德 1 寅	2 子	12 戌	22 申
9	己	5 巳	2 卯	3 丑	13 亥	23 【南詔】細奴邏 酉

南北朝　陳 北齊 後梁 西魏 北周　隋　唐

【南詔】細奴邏國號大蒙

	高宗治 65	66	67	則天武后曌 68	69
0 庚	高宗永徽 1 戌	5 申	咸亨 1 午	永隆 1 辰	天授 1 寅
1 辛	2 亥	龍朔 1 酉	2 未	開耀 1 巳	2 卯
2 壬	3 子	2 戌	3 申	永淳 1 午	長壽 1 辰
3 癸	4 丑	3 亥	4 酉	弘道 1 未	2 巳
4 甲	5 寅	麟德 1 子	上元 1 【南詔】世宗 戌	武后光宅 1 申	延載 1 午
5 乙	6 卯	2 丑	2 亥	垂拱 1 酉	天册萬歲 1 未
6 丙	顯慶 1 辰	乾封 1 寅	儀鳳 1 子	2 戌	萬歲通天 1 申
7 丁	2 巳	2 卯	2 丑	3 亥	神功 1 酉
8 戊	3 午	總章 1 辰	3 寅	4 子	聖曆 1 【渤海】高王 戌
9 己	4 未	2 巳	調露 1 卯	永昌 1 丑	2 亥

【南詔】世宗邏盛炎，用唐年號　【渤海】高王大祚榮

唐

	70 中宗顯	71 睿宗旦 玄宗隆基	72	73	74
0 庚	久視 1 子	睿宗景雲 1 戌	8 【渤海】武王仁安 申	18 午	28 辰
1 辛	長安 1 丑	2 亥	9 酉	19 未	29 巳
2 壬	2 寅	玄宗先天 1 【南詔】太宗 子	10 戌	20 申	天寶 1 午
3 癸	3 卯	開元 1 丑	11 亥	21 酉	2 未
4 甲	4 辰	2 寅	12 子	22 戌	3 申
5 乙	中宗神龍 1 巳	3 卯	13 丑	23 亥	4 酉
6 丙	2 午	4 辰	14 寅	24 子	5 戌
7 丁	景龍 1 未	5 巳	15 卯	25 丑	6 亥
8 戊	2 申	6 午	16 【南詔】皮邏閣 辰	26 【渤海】文王大興 寅	7 子
9 己	3 酉	7 未	17 巳	27 卯	8 丑

【南詔】太宗盛邏皮　南詔王皮邏閣
【渤海】武王大武藝　文王大欽茂

		肅宗亨	代宗豫		德宗适	
		75	76	77	78	79
0	庚	9 寅	上元 1 子	5 戌	德宗建中 1 申	6 午
1	辛	10 【南詔】神武王 卯 長壽	2 丑	6 亥	2 酉	7 未
2	壬	11 【南詔】稱贊普 辰 鍾	寶應 1 寅	7 子	3 戌	8 申
3	癸	12 巳	代宗廣德 1 卯	8 丑	4 亥	9 酉
4	甲	13 午	2 辰	9 寅	興元 1 子	10 【渤海】成王 戌 中興
5	乙	14 未	永泰 1 巳	10 卯	貞元 1 丑	11 【渤海】康王 亥 正曆
6	丙	肅宗至德 1 申	大曆 1 午	11 辰	2 寅	12 子
7	丁	2 酉	2 未	12 巳	3 卯	13 丑
8	戊	乾元 1 戌	3 申	13 午	4 辰	14 寅
9	己	2 亥	4 酉	14 【南詔】孝桓王 未 見龍	5 巳	15 卯

【南詔】神武王閣邏鳳　　孝桓王異牟尋，改國號大理。後復稱南詔。

【渤海】成王大華嶼

康王大嵩璘

順宗誦　　　　穆宗恒　　　　武宗瀍

憲宗純　　　　敬宗湛　　　　宣宗忱

文宗昂

唐

	80	81	82	83	84
0 庚	16 辰	5 【南詔】幽王龍興 【渤海】定王永德 寅	15 【南詔】大丰 子	4 戌	5 申
1 辛	17 巳	6 卯	穆宗長慶 1 丑	5 【渤海】大彝震 咸和 亥	武宗會昌 1 酉
2 壬	18 午	7 辰	2 寅	6 子	2 戌
3 癸	19 未	8 【渤海】僖王 朱雀 巳	3 卯	7 丑	3 亥
4 甲	20 申	9 午	4 辰	8 寅	4 子
5 乙	順宗永貞 1 酉	10 未	敬宗寶曆 1 【南詔】昭成王 保合 巳	9 卯	5 丑
6 丙	憲宗元和 1 戌	11 申	2 午	開成 1 辰	6 寅
7 丁	2 亥	12 【南詔】靖王 全義 酉	文宗大和 1 未	2 巳	宣宗大中 1 卯
8 戊	3 子	13 【渤海】簡王 太始 戌	2 申	3 午	2 辰
9 己	4 【南詔】孝惠王 應道 丑	14 【渤海】宣王 建興 亥	3 酉	4 未	3 巳

【南詔】孝惠王尋閣勸，尊號驃信。　幽王勸龍晟　昭成王豐佑　靖王勸利晟

【渤海】定王大元瑜　僖王大言義　簡王大明忠　宣王大仁秀

			懿宗漼	僖宗儇	昭宗曄
		85	86	87	88	89
0	庚	4 午	懿宗咸通 1 【南詔】景莊帝建極 辰	11 寅	廣明 1 子	大順 1 戌
1	辛	5 未	2 巳	12 卯	中和 1 丑	2 亥
2	壬	6 申	3 午	13 【渤海】大玄錫 辰	2 寅	景福 1 子
3	癸	7 酉	4 未	14 巳	3 卯	2 丑
4	甲	8 戌	5 申	僖宗乾符 1 午	4 辰	乾寧 1 【渤海】大瑋瑎 寅
5	乙	9 亥	6 酉	2 未	光啓 1 巳	2 卯
6	丙	10 子	7 戌	3 申	2 午	3 辰
7	丁	11 丑	8 亥	4 酉	3 未	4 巳
8	戊	12 【渤海】大虔晃 寅	9 子	5 【南詔】文武帝貞明 戌	文德 1 申	光化 1 【南詔】孝哀帝中興 午
9	己	13 卯	10 丑	6 亥	昭宗龍紀 1 酉	2 未

【南詔】景莊帝世隆　文武帝法,或隆舜,國號大封民國。　孝哀帝舜化貞

昭宣帝柷【後梁】太祖朱温　末帝友貞【後唐】莊宗李存勗　明宗嗣源　潞王從珂【後晉】高祖石敬瑭　出帝重貴【後漢】高祖劉知遠　隱帝承祐

五代

唐　五代

後梁、後唐、後晉、後漢（十國自907唐亡割據起至979北漢最後亡止）遼

		90	91	92	93	94
0	庚	3 申	4 午	6 辰	長興 1 寅	5 子
1	辛	天復 1 酉	乾化 1 【南詔】太上 未 帝始元	龍德 1 巳	2 卯	6 丑
2	壬	2 戌	2 申	2 【契丹】天贊 午	3 辰	7 寅
3	癸	3 【南詔】桓帝 亥 安國	末帝乾化 3 酉	【唐】莊宗同光 1 未	4 巳	8 卯
4	甲	昭宣帝天祐 1 子	4 戌	2 申	潞王清泰 1 午	出帝開運 1 辰
5	乙	2 丑	貞明 1 亥	3 酉	2 未	2 【大理】文經帝 巳 文經
6	丙	3 寅	2 【契丹】太祖 子	明宗天成 1 【契丹】天顯 【東丹】人皇王甘露 戌【渤海】亡	【晉】高祖天福 1 申	3 【大理】文武帝 午 至治
7	丁	【梁】太祖開平 【契丹】太祖1 【渤海】末王 卯	3 丑	2 【契丹】太宗天顯2 【南詔】恭惠帝天應 亥	2 【大理】太祖 文德 酉	【漢】高祖天福 12 【契丹】改號【遼】 未 世宗天禄
8	戊	2 辰	4 寅	3 【南詔】悼康帝 子 趙善政	3 【契丹】會同 戌	乾祐 1 申
9	己	3 巳	5 卯	4 【南詔】肅恭帝 丑 興聖	4 亥	隱帝乾祐 2 酉

【遼】太祖阿保機　太宗德光　世宗兀欲
【南詔】桓帝鄭買嗣，改國號大長和國。太上帝仁旻　恭惠帝隆亶
趙善政改國號大天興國。肅恭帝楊干貞，改國號大義寧國。
【大理】太祖段思平　文經帝思英　文武帝思良
【渤海】末王大諲譔　【東丹】人皇王大光顯

【後周】太祖郭威　宋 太祖趙匡胤　太宗光義　真宗恒
世宗榮本姓柴
恭帝宗訓

		95	96	97	98	99
0	庚	3 戌	【宋】太祖建隆 1 申	3 【大理】素順 午　明政	5 辰	淳化 1 寅
1	辛	【周】太祖廣順 1 【遼】穆宗應曆 亥	2 酉	4 未	6 巳	2 卯
2	壬	2 子	3 戌	5 申	7 【東丹】亡 午	3 辰
3	癸	3 【大理】廣慈帝 丑　明德	乾德 1 亥	6 酉	8 【遼】聖宗統和 未	4 巳
4	甲	世宗顯德 1 寅	2 子	7 戌	雍熙 1 申	5 午
5	乙	2 卯	3 丑	8 亥	2 酉	至道 1 未
6	丙	3 辰	4 寅	太宗太平興國 1 子	3 【大理】昭明帝 戌　廣明	2 申
7	丁	4 巳	5 卯	2 丑	4 亥	3 酉
8	戊	5 午	開寶 1 辰	3 寅	端拱 1 子	真宗咸平 1 戌
9	己	恭帝 6 未	2 【遼】景宗保寧 巳	4 【遼】乾亨 卯	2 丑	2 亥

【遼】穆宗述律　景宗賢　聖宗隆緒
【大理】廣慈帝思聰　昭明帝素英

仁宗禎

		100	101	102	103	104	
0	庚	3 子	3 【大理】宣肅帝啓明 戌	4 申	8 午	康定 1 辰	宋
1	辛	4 丑	4 亥	5 【遼】太平 酉	9 【遼】興宗景福 未	慶曆 1 巳	遼 西夏
2	壬	5 寅	5 【遼】開泰 子	乾興 1 戌	明道 1 【遼】重熙 【夏】景宗顯道 申	2 【大理】天明帝聖明 午	
3	癸	6 卯	6 丑	仁宗天聖 1 【大理】秉義帝明通 亥	2 酉	3 未	
4	甲	景德 1 辰	7 寅	2 子	景祐 1 【夏】廣運 戌	4 申	
5	乙	2 巳	8 卯	3 丑	2 亥	5 【大理】興宗保安 酉	
6	丙	3 午	9 辰	4 寅	3 【夏】大慶 子	6 戌	
7	丁	4 未	天禧 1 巳	5 【大理】聖德帝正治 卯	4 丑	7 亥	
8	戊	大中祥符 1 申	2 午	6 辰	寶元 1 【夏】天授禮法延祚 寅	8 子	
9	己	2 酉	3 未	7 巳	2 卯	皇祐 1 【夏】毅宗延嗣寧國 丑	

【遼】興宗宗真

【西夏】景宗李元昊　毅宗諒祚

【大理】宣肅帝素廉　秉義帝素隆　聖德帝素貞　天明帝素興　興宗思廉

英宗曙　　　　哲宗煦

神宗頊

		105	106	107	108	109
0	庚	2 【夏】天祐垂聖 寅	5 子	3 戌	3 申	5 午
1	辛	3 卯	6 丑	4 【夏】天賜禮盛國慶 亥	4 【大理】上明帝上明 酉	6 【夏】天祐民安 未
2	壬	4 辰	7 寅	5 子	5 【大理】保定帝保定 戌	7 申
3	癸	5 【夏】福聖承道 巳	8 【夏】拱化 卯	6 丑	6 亥	8 酉
4	甲	至和 1 午	英宗治平 1 辰	7 寅	7 子	紹聖 1 【大理】亡 戌
5	乙	2 【遼】道宗清寧 未	2 【遼】咸雍 巳	8 【遼】大康 卯【夏】大安	8 【遼】大安 丑	2 【遼】壽昌 【大中國】表正帝上治 亥
6	丙	嘉祐 1 申	3 午	9 【大理】上德帝上德 辰	哲宗元祐 1 【夏】天安禮定 寅	3 子
7	丁	2 【夏】奲都 酉	4 未	10 【大理】廣安 巳	2 【夏】崇宗天儀治平 卯	4 【後理】中宗天授 丑
8	戊	3 戌	神宗熙寧 1 【夏】惠宗乾道 申	元豐 1 午	3 辰	元符 1 寅
9	己	4 亥	2 酉	2 未	4 巳	2 【夏】永安 卯

【遼】道宗洪基

【西夏】惠宗秉常　　　　崇宗乾順

【大理】上德帝廉義　上明帝壽輝　保定帝正明

【大中國】表正帝高昇泰　【後理】中宗段正淳

徽宗佶　　　　　　欽宗桓

南宋 高宗構

	110	111	112	113	114	宋 南宋
0 庚	3 辰	4 寅	2 【夏】元德 子	4 戌	10 【夏】仁宗大慶 申	
1 辛	徽宗建中靖國1 【遼】天祚帝乾統 巳	政和 1 【遼】天慶 卯	3 【遼】保大 丑	紹興 1 【西遼】延慶 亥	11 【金】皇統 酉	西遼 遼
2 壬	崇寧 1 【夏】貞觀 午	2 辰	4 寅	2 子	12 戌	西夏 金
3 癸	2 未	3 巳	5 【金】太宗天會 卯	3 丑	13 亥	
4 甲	3 申	4 午	6 【西遼】德宗 辰	4 【西遼】康國 寅	14 【夏】人慶 【西遼】感天后咸清 子	
5 乙	4 酉	5 【夏】雍寧 【金】太祖收國 未	7 巳	5 【夏】大德 【金】熙宗天會 13 卯	15 丑	
6 丙	5 戌	6 申	欽宗靖康 1 午	6 辰	16 寅	
7 丁	大觀 1 亥	7 【金】天輔 酉	高宗建炎 1 【夏】正德 未	7 巳	17 卯	
8 戊	2 子	重和 1 戌	2 申	8 【金】天眷 午	18 【後理】景宗永貞 辰	
9 己	3 【後理】憲宗日新 丑	宣和 1 亥	3 酉	9 未	19 【夏】天盛 【金】海陵王天德 巳	

【遼】天祚帝延禧　　　　【西遼】德宗大石　　　　感天后蕭氏

【金】太祖完顏旻　太宗晟　熙宗亶　海陵王亮

【西夏】仁宗仁孝　景宗正興

【後理】憲宗和譽，宋封大理國王。

孝宗昚　　　　光宗惇　寧宗擴

	115	116	117	118	119
0 庚	20 午	30 辰	6 【夏】乾祐 寅	7 子	光宗紹熙 1 【金】章宗明昌 戌
1 辛	21 【西遼】仁宗紹興 未	31 【金】世宗大定 巳	7 卯	8 丑	2 亥
2 壬	22 申	32 午	8 辰	9 寅	3 子
3 癸	23 【金】貞元 酉	孝宗隆興 1 未	9 【後理】宣宗利貞 巳	10 卯	4 丑
4 甲	24 戌	2 【西遼】承天后崇福 申	淳熙 1 午	11 辰	5 【夏】桓宗天慶 寅
5 乙	25 亥	乾道 1 酉	2 未	12 巳	寧宗慶元 1 卯
6 丙	26 【金】正隆 子	2 戌	3 申	13 午	2 【金】承安 辰
7 丁	27 丑	3 亥	4 酉	14 未	3 巳
8 戊	28 寅	4 子	5 【西遼】末主天禧 戌	15 申	4 午
9 己	29 卯	5 丑	6 亥	16 酉	5 未

【西遼】仁宗夷列　承天后耶律氏　末主直魯古

【金】世宗雍　　章宗環

【後理】宣宗智興　【西夏】桓宗純祐

理宗昀

		120	121	122	123	124
0	庚	6 申	3 【夏】皇建 午	13 辰	3 寅	4 子
1	辛	嘉泰 1 【金】泰和 【後理】亨天帝鳳曆 酉	4 【夏】神宗光定 【西遼】亡 未	14 巳	4 卯	淳祐 1 丑
2	壬	2 戌	5 【金】崇慶 申	15 【金】元光 午	5 【金】天興 辰	2 寅
3	癸	3 亥	6 【金】宣宗貞祐 酉	16 【夏】獻宗乾定 未	6 巳	3 卯
4	甲	4 子	7 戌	17 【金】哀宗正大 申	端平 1 【金】亡 午	4 辰
5	乙	開禧 1 丑	8 亥	理宗寶慶 1 酉	2 未	5 巳
6	丙	2 【夏】襄宗應天 【元】太祖 【後理】神宗天開 寅	9 子	2 【夏】亡 戌	3 申	6 【元】定宗 午
7	丁	3 卯	10 【金】興定 丑	3 亥	嘉熙 1 酉	7 未
8	戊	嘉定 1 辰	11 寅	紹定 1 子	2 戌	8 申
9	己	2 【金】衛紹王大安 巳	12 卯	2 【元】太宗 丑	3 【後理】孝義帝道隆 亥	9 酉

南宋

西夏 金

元

【西夏】襄宗安全　神宗遵頊　獻宗德旺
【金】衛紹王允濟　宣宗珣　哀宗守緒
【元】太祖鐵木真　太宗窩闊台　定宗貴由
【後理】亨天帝智廉　神宗智祥　孝義帝祥興

	度宗禥	恭帝㬎 端宗昰 帝昺	元 世祖忽必烈	成宗鐵穆耳

	125	126	127	128	129
0 庚	10 戌	景定 1 【元】世祖中統 申	6 午	【元】世祖至元 17 辰	27 寅
1 辛	11 【元】憲宗 亥	2 酉	7 未	18 巳	28 卯
2 壬	12 【後理】天定賢 子　王利正	3 戌	8 申	19 午	29 辰
3 癸	寶祐 1 丑	4 亥	9 酉	20 未	30 巳
4 甲	2 寅	5 【元】至元 子	10 戌	21 申	31 午
5 乙	3 卯	度宗咸淳 1 丑	恭帝德祐 1 亥	22 酉	成宗元貞 1 未
6 丙	4 辰	2 寅	端宗景炎 1 子	23 戌	2 申
7 丁	5 巳	3 卯	2 丑	24 亥	大德 1 酉
8 戊	6 午	4 辰	帝昺祥興 1 寅	25 子	2 戌
9 己	開慶 1 未	5 巳	2 卯	26 丑	3 亥

【元】憲宗蒙哥
【後理】天定賢王興智

武宗海山　仁宗愛育黎拔力八達　文宗圖帖睦爾

英宗碩德八剌　順帝妥懽貼睦爾

泰定帝也孫鐵木兒

南宋　元

	130	131	132	133	134
0 庚	4 子	3 戌	7 申	至順 1 午	6 辰
1 辛	5 丑	4 亥	英宗至治 1 酉	2 未	至正 1 巳
2 壬	6 寅	仁宗皇慶 1 子	2 戌	3 申	2 午
3 癸	7 卯	2 丑	3 亥	順帝元統 1 酉	3 未
4 甲	8 辰	延祐 1 寅	泰定帝泰定 1 子	2 戌	4 申
5 乙	9 巳	2 卯	2 丑	至元 1 亥	5 酉
6 丙	10 午	3 辰	3 寅	2 子	6 戌
7 丁	11 未	4 巳	4 卯	3 丑	7 亥
8 戊	武宗至大 1 申	5 午	文宗天曆 1 辰	4 寅	8 子
9 己	2 酉	6 未	2 巳	5 卯	9 丑

明

	太祖朱元璋				惠帝允炆
	135	136	137	138	139
0 庚	10 寅	20 子	3 戌	13 申	23 午
1 辛	11 卯	21 丑	4 亥	14 酉	24 未
2 壬	12 辰	22 寅	5 子	15 戌	25 申
3 癸	13 巳	23 卯	6 丑	16 亥	26 酉
4 甲	14 午	24 辰	7 寅	17 子	27 戌
5 乙	15 未	25 巳	8 卯	18 丑	28 亥
6 丙	16 申	26 午	9 辰	19 寅	29 子
7 丁	17 酉	27 未	10 巳	20 卯	30 丑
8 戊	18 戌	【明】太祖洪武 1 申	11 午	21 辰	31 寅
9 己	19 亥	2 酉	12 未	22 巳	惠帝建文 1 卯

元明

	成祖棣		仁宗高熾 宣宗瞻基	英宗祁鎮	
	140	141	142	143	144
0 庚	2 辰	8 寅	18 子	5 戌	5 申
1 辛	3 巳	9 卯	19 丑	6 亥	6 酉
2 壬	4 午	10 辰	20 寅	7 子	7 戌
3 癸	成祖永樂 1 未	11 巳	21 卯	8 丑	8 亥
4 甲	2 申	12 午	22 辰	9 寅	9 子
5 乙	3 酉	13 未	仁宗洪熙 1 巳	10 卯	10 丑
6 丙	4 戌	14 申	宣宗宣德 1 午	英宗正統 1 辰	11 寅
7 丁	5 亥	15 酉	2 未	2 巳	12 卯
8 戊	6 子	16 戌	3 申	3 午	13 辰
9 己	7 丑	17 亥	4 酉	4 未	14 巳

		代宗祁鈺 145	憲宗見深 146	147	孝宗祐樘 148	149
0	庚	代宗景泰 1 午	4 辰	6 寅	16 子	3 戌
1	辛	2 未	5 巳	7 卯	17 丑	4 亥
2	壬	3 申	6 午	8 辰	18 寅	5 子
3	癸	4 酉	7 未	9 巳	19 卯	6 丑
4	甲	5 戌	8 申	10 午	20 辰	7 寅
5	乙	6 亥	憲宗成化 1 酉	11 未	21 巳	8 卯
6	丙	7 子	2 戌	12 申	22 午	9 辰
7	丁	英宗復辟天順 1 丑	3 亥	13 酉	23 未	10 巳
8	戊	2 寅	4 子	14 戌	孝宗弘治 1 申	11 午
9	己	3 卯	5 丑	15 亥	2 酉	12 未

明

	武宗厚照 150	151	世宗厚熜 152	153	154
0 庚	13 申	5 午	15 辰	9 寅	19 子
1 辛	14 酉	6 未	16 巳	10 卯	20 丑
2 壬	15 戌	7 申	世宗嘉靖 1 午	11 辰	21 寅
3 癸	16 亥	8 酉	2 未	12 巳	22 卯
4 甲	17 子	9 戌	3 申	13 午	23 辰
5 乙	18 丑	10 亥	4 酉	14 未	24 巳
6 丙	武宗正德 1 寅	11 子	5 戌	15 申	25 午
7 丁	2 卯	12 丑	6 亥	16 酉	26 未
8 戊	3 辰	13 寅	7 子	17 戌	27 申
9 己	4 巳	14 卯	8 丑	18 亥	28 酉

穆宗載垕　神宗翊鈞

	155	156	157	158	159
0 庚	29 戌	39 申	4 午	8 辰	18 寅
1 辛	30 亥	40 酉	5 未	9 巳	19 卯
2 壬	31 子	41 戌	6 申	10 午	20 辰
3 癸	32 丑	42 亥	神宗萬曆 1 酉	11 未	21 巳
4 甲	33 寅	43 子	2 戌	12 申	22 午
5 乙	34 卯	44 丑	3 亥	13 酉	23 未
6 丙	35 辰	45 寅	4 子	14 戌	24 申
7 丁	36 巳	穆宗隆慶 1 卯	5 丑	15 亥	25 酉
8 戊	37 午	2 辰	6 寅	16 子	26 戌
9 己	38 未	3 巳	7 卯	17 丑	27 亥

光宗常洛
熹宗由校
思宗由檢

清

世祖福臨

明
清

	160	161	162	163	164
0 庚	28 子	38 戌	光宗泰昌 1 申	3 午	13 辰
1 辛	29 丑	39 亥	熹宗天啓 1 酉	4 未	14 巳
2 壬	30 寅	40 子	2 戌	5 申	15 午
3 癸	31 卯	41 丑	3 亥	6 酉	16 未
4 甲	32 辰	42 寅	4 子	7 戌	【清】世祖順治 1 申
5 乙	33 巳	43 卯	5 丑	8 亥	2 【明】福王弘光 唐王隆武 酉
6 丙	34 午	44 【清】太祖天命 辰	6 寅	9 【清】崇德 子	3 戌
7 丁	35 未	45 巳	7 【清】太宗天聰 卯	10 丑	4 【明】永明王 永曆 亥
8 戊	36 申	46 午	思宗崇禎 1 辰	11 寅	5 【明】淮王 子
9 己	37 酉	47 未	2 巳	12 卯	6 丑

【清】太祖努爾哈齊　太宗皇太極

【明】福王由崧
唐王聿鍵
永明王由榔
淮王常清

聖祖玄燁

	165	166	167	168	169
0 庚	7 寅	17 子	9 戌	19 申	29 午
1 辛	8 卯	18 丑	10 亥	20 酉	30 未
2 壬	9 辰	聖祖康熙 1 寅	11 子	21 戌	31 申
3 癸	10 巳	2 卯	12 丑	22 亥	32 酉
4 甲	11 午	3 辰	13 寅	23 子	33 戌
5 乙	12 未	4 巳	14 卯	24 丑	34 亥
6 丙	13 申	5 午	15 辰	25 寅	35 子
7 丁	14 酉	6 未	16 巳	26 卯	36 丑
8 戊	15 戌	7 申	17 午	27 辰	37 寅
9 己	16 亥	8 酉	18 未	28 巳	38 卯

清

世宗胤禛　　高宗弘曆

	170	171	172	173	174
0 庚	39 辰	49 寅	59 子	8 戌	5 申
1 辛	40 巳	50 卯	60 丑	9 亥	6 酉
2 壬	41 午	51 辰	61 寅	10 子	7 戌
3 癸	42 未	52 巳	世宗雍正 1 卯	11 丑	8 亥
4 甲	43 申	53 午	2 辰	12 寅	9 子
5 乙	44 酉	54 未	3 巳	13 卯	10 丑
6 丙	45 戌	55 申	4 午	高宗乾隆 1 辰	11 寅
7 丁	46 亥	56 酉	5 未	2 巳	12 卯
8 戊	47 子	57 戌	6 申	3 午	13 辰
9 己	48 丑	58 亥	7 酉	4 未	14 巳

仁宗顒琰

		175	176	177	178	179
0	庚	15 午	25 辰	35 寅	45 子	55 戌
1	辛	16 未	26 巳	36 卯	46 丑	56 亥
2	壬	17 申	27 午	37 辰	47 寅	57 子
3	癸	18 酉	28 未	38 巳	48 卯	58 丑
4	甲	19 戌	29 申	39 午	49 辰	59 寅
5	乙	20 亥	30 酉	40 未	50 巳	60 卯
6	丙	21 子	31 戌	41 申	51 午	仁宗嘉慶 1 辰
7	丁	22 丑	32 亥	42 酉	52 未	2 巳
8	戊	23 寅	33 子	43 戌	53 申	3 午
9	己	24 卯	34 丑	44 亥	54 酉	4 未

宣宗旻寧

	180	181	182	183	184
0 庚	5 申	15 午	25 辰	10 寅	20 子
1 辛	6 酉	16 未	宣宗道光 1 巳	11 卯	21 丑
2 壬	7 戌	17 申	2 午	12 辰	22 寅
3 癸	8 亥	18 酉	3 未	13 巳	23 卯
4 甲	9 子	19 戌	4 申	14 午	24 辰
5 乙	10 丑	20 亥	5 酉	15 未	25 巳
6 丙	11 寅	21 子	6 戌	16 申	26 午
7 丁	12 卯	22 丑	7 亥	17 酉	27 未
8 戊	13 辰	23 寅	8 子	18 戌	28 申
9 己	14 巳	24 卯	9 丑	19 亥	29 酉

		文宗奕詝 185	穆宗載淳 186	德宗載湉 187	188	189
0	庚	30 【太平天國】天王 戌	10 申	9 午	6 辰	16 寅
1	辛	文宗咸豐 1 亥	11 酉	10 未	7 巳	17 卯
2	壬	2 子	穆宗同治 1 戌	11 申	8 午	18 辰
3	癸	3 丑	2 亥	12 酉	9 未	19 巳
4	甲	4 寅	3 【太平天國】亡 子	13 戌	10 申	20 午
5	乙	5 卯	4 丑	德宗光緒 1 亥	11 酉	21 未
6	丙	6 辰	5 寅	2 子	12 戌	22 申
7	丁	7 巳	6 卯	3 丑	13 亥	23 酉
8	戊	8 午	7 辰	4 寅	14 子	24 戌
9	己	9 未	8 巳	5 卯	15 丑	25 亥

【太平天國】天王洪秀全

中華民國

宣統溥儀

		190	191	192	193	194
0	庚	26 子	2 戌	9 申	19 午	29 辰
1	辛	27 丑	3 亥	10 酉	20 未	30 巳
2	壬	28 寅	【中華民國】1 子	11 戌	21 申	31 午
3	癸	29 卯	2 丑	12 亥	22 酉	32 未
4	甲	30 辰	3 寅	13 子	23 戌	33 申
5	乙	31 巳	4 卯	14 丑	24 亥	34 酉
6	丙	32 午	5 辰	15 寅	25 子	35 戌
7	丁	33 未	6 巳	16 卯	26 丑	36 亥
8	戊	34 申	7 午	17 辰	27 寅	37 子
9	己	宣統 1 酉	8 未	18 巳	28 卯	38 丑

清　中華民國

1949年10月1日

中華人民共和國成立

下　　编

夏商周年代簡表

	[公元前]	
夏	約2100—1600年	約500年
商	約1600—1028年	約550年以上
殷	1300—1028年	共273年
周	1027—256 年	共772年
西周	1027—771 年	共257年
東周	770—256 年	共515年
春秋	770—481 年	共290年
春秋經	722—481 年	共242年
戰國	480—222 年	共259年
三晉爲侯	403 年	

註：根據陳夢家商殷與夏周的年代問題（歷史研究1955：2）。

殷年代簡表

	[公元前]
盤庚、小辛、小乙	1300—1239 年
武丁	1238—1180 年
祖庚	1179—1173 年
祖甲	1172—1140 年
廩辛、康丁	1139—1130 年
武乙	1129—1095 年
文丁	1094—1084 年
帝乙	(1084—1080)—(1060—1050)年
帝辛	(1060—1050)—1027 年

註：根據陳夢家商殷與夏周的年代問題(歷史研究 1955:2)。

西周周王簡表

	[公元前]
武王	1027—1025 年
成王	1024—1005 年
康王	1004—967 年
昭王	966—948 年
穆王	947—928 年
共王	927—908 年
懿王	907—898 年
孝王	897—888 年
夷王	887—858 年
厲王	857—842 年
共和	841—828 年
宣王	827—782 年
幽王	781—771 年

註：根據陳夢家西周銅器斷代（一）（考古學報第九册）。

東周周王簡表

	[公元前]		[公元前]
平王	770—720年	景王	544—520年
桓王	719—697年	敬王	519—477年
莊王	696—682年	元王	476—469年
釐王	681—677年	定王（貞定王）	468—441年
惠王	676—652年	考王	440—426年
襄王	651—619年	威烈王	425—402年
頃王	618—613年	安王	401—376年
匡王	612—607年	烈王	375—369年
定王	606—586年	顯王	368—321年
簡王	585—572年	慎靚王	320—315年
靈王	571—545年	赧王	314—256年

註：根據史記十二諸侯年表及六國年表。

東周諸侯年表

（一）

[甲子]	[公元前]		
辛未	770	周	平王元年
		魯	孝公37
		齊	莊公25
		晉	文侯11
		秦	襄公8
		楚	若敖21
		宋	戴公30
		衛	武公43
		陳	平公8
		蔡	釐侯40
		曹	惠公26
		鄭	武公元
		燕	頃侯21
癸酉	768	周	平王3年
		魯	惠公元
乙亥	766	周	平王5年

[甲子]	[公元前]		
		燕	哀侯元
丙子	765	周	平王6年
		秦	文公元
		宋	武公元
丁丑	764	周	平王7年
		燕	鄭侯元
戊寅	763	周	平王8年
		楚	霄敖元
庚辰	761	周	平王10年
		蔡	共侯元
壬午	759	周	平王12年
		蔡	戴侯元
		曹	穆公元
甲申	757	周	平王14年
		楚	蚡冒元
		衛	莊公元

乙酉　756　周　平王15年

曹　桓公元

丁亥　754　周　平王17年

陳　文公元

壬辰　749　周　平王22年

蔡　宣侯元

甲午　747　周　平王24年

宋　宣公元

丙申　745　周　平王26年

晉　昭侯元

丁酉　744　周　平王27年

陳　桓公元

戊戌　743　周　平王28年

鄭　莊公元

辛丑　740　周　平王31年

楚　武王元

壬寅　739　周　平王32年

晉　孝侯元

丁未　734　周　平王37年

衞　桓公元

庚戌　731　周　平王40年

晉　曲沃莊伯元

辛亥　730　周　平王41年

齊　釐公元

癸丑　728　周　平王43年

宋　穆公元

燕　穆侯元

戊午　723　周　平王48年

晉　鄂侯元

己未　722　周　平王49年

魯　隱公元

壬戌　719　周　桓王元年

宋　殤公元

癸亥　718　周　桓王2年

衞　宣公元

甲子　717　周　桓王3年

晉　哀侯元

乙丑　716　周　桓王4年

晉　曲沃武公元

丙寅　715　周　桓王5年

秦　寧公元

丁卯　714　周　桓王6年

蔡　桓侯元

庚午　711　周　桓王9年

魯　桓公元

辛未　710　周　桓王10年

宋　莊公元

燕　宣侯元

壬申　709　周　桓王11年

晉　小子元

乙亥　706　周　桓王14年

晉　晉侯湣元

陳　厲公元

戊寅　703　周　桓王17年

秦　出公元

庚辰　701　周　桓王19年

曹　莊公元

辛巳　700　周　桓王20年

鄭　厲公元

壬午　699　周　桓王21年

衞　惠公元

陳　莊公元

甲申　697　周　桓王23年

齊　襄公元

秦　武公元

燕　桓侯元

乙酉　696　周　莊王元年

衞　黔牟元

鄭　昭公元

丁亥　694　周　莊王3年

蔡　哀侯元

鄭　子亹元

戊子　693　周　莊王4年

魯　莊公元

鄭　子嬰元

己丑　692　周　莊王5年

陳　宣公元

庚寅　691　周　莊王6年

宋　湣公元

辛卯　690　周　莊王7年

燕　莊公元

壬辰　689　周　莊王8年

楚　文王元

乙未　686　周　莊王11年
衛　惠公14年
丙申　685　周　莊王12年
齊　桓公元
庚子　681　周　釐王元年
宋　桓公元
壬寅　679　周　釐王3年
鄭　厲公元
癸卯　678　周　釐王4年
晉　曲沃武公39年
甲辰　677　周　釐王5年
秦　德公元
乙巳　676　周　惠王元年
晉　獻公元
楚　堵敖元
丙午　675　周　惠王2年
秦　宣公元
丁未　674　周　惠王3年
蔡　穆侯元
己酉　672　周　惠王5年
鄭　文公元
庚戌　671　周　惠王6年
楚　成王元
辛亥　670　周　惠王7年
曹　釐公元
癸丑　668　周　惠王9年
衛　懿公元
戊午　663　周　惠王14年
秦　成公元
庚申　661　周　惠王16年
魯　湣公元
曹　昭公元
辛酉　660　周　惠王17年
衛　戴公元
壬戌　659　周　惠王18年
魯　釐公元
秦　穆公元
衛　文公元
甲子　657　周　惠王20年
燕　襄公元
己巳　652　周　惠王25年

曹　共公元
庚午　651　周　襄王元年
辛未　650　周　襄王2年
晉　惠公元
宋　襄公元
甲戌　647　周　襄王5年
陳　穆公元
丙子　645　周　襄王7年
蔡　莊侯元
己卯　642　周　襄王10年
齊　孝公元
乙酉　636　周　襄王16年
晉　文公元
宋　成公元
丁亥　634　周　襄王18年
衛　成公元
己丑　632　周　襄王20年
齊　昭公元
庚寅　631　周　襄王21年
陳　共公元
甲午　627　周　襄王25年

晉　襄公元
鄭　穆公元
乙未　626　周　襄王26年
魯　文公元
丙申　625　周　襄王27年
楚　穆王元
辛丑　620　周　襄王32年
晉　靈公元
秦　康公元
壬寅　619　周　襄王33年
宋　昭公元
癸卯　618　周　頃王元年
甲辰　617　周　頃王2年
曹　文公元
燕　桓公元
戊申　613　周　頃王6年
楚　莊王元
陳　靈公元
己酉　612　周　匡王元年
齊　懿公元
庚戌　611　周　匡王2年

蔡　文侯元
辛亥　610　周　匡王3年
宋　文公元
癸丑　608　周　匡王5年
魯　宣公元
齊　惠公元
秦　共公元
乙卯　606　周　定王元年
晉　成公元
丙辰　605　周　定王2年
鄭　靈公元
丁巳　604　周　定王3年
鄭　襄公元
戊午　603　周　定王4年
秦　桓公元
庚申　601　周　定王6年
燕　宣公元
壬戌　599　周　定王8年
晉　景公元
衛　穆公元
癸亥　598　周　定王9年
齊　頃公元
陳　成公元
丁卯　594　周　定王13年
曹　宣公元
庚午　591　周　定王16年
蔡　景侯元
辛未　590　周　定王17年
魯　成公元
楚　共王元
癸酉　588　周　定王19年
宋　共公元
衛　定公元
乙亥　586　周　定王21年
鄭　悼公元
燕　昭公元
丙子　585　周　簡王元年
吴　壽夢元
丁丑　584　周　簡王2年
鄭　成公元
庚辰　581　周　簡王5年
齊　靈公元

辛巳　580　周　簡王6年
　　　　　　晉　厲公元
甲申　577　周　簡王9年
　　　　　　曹　成公元
乙酉　576　周　簡王10年
　　　　　　秦　景公元
　　　　　　衛　獻公元
丙戌　575　周　簡王11年
　　　　　　宋　平公元
戊子　573　周　簡王13年
　　　　　　燕　武公元
己丑　572　周　簡王14年
　　　　　　魯　襄公元
　　　　　　晉　悼公元
庚寅　571　周　靈王元年
辛卯　570　周　靈王2年
　　　　　　鄭　釐公元
癸巳　568　周　靈王4年
　　　　　　陳　哀公元
丙申　565　周　靈王7年
　　　　　　鄭　簡公元

辛丑　560　周　靈王12年
　　　　　　吴　諸樊元
壬寅　559　周　靈王13年
　　　　　　楚　康王元
癸卯　558　周　靈王14年
　　　　　　衛　殤公元
甲辰　557　周　靈王15年
　　　　　　晉　平公元
丁未　554　周　靈王18年
　　　　　　曹　武公元
　　　　　　燕　文公元
戊申　553　周　靈王19年
　　　　　　齊　莊公元
癸丑　548　周　靈王24年
　　　　　　燕　懿公元
甲寅　547　周　靈王25年
　　　　　　齊　景公元
　　　　　　吴　餘祭元
乙卯　546　周　靈王26年
　　　　　　衛　獻公元
丁巳　544　周　景王元年

楚　郟敖元
燕　惠公元
戊午　543　周　景王2年
衛　襄公元
己未　542　周　景王3年
蔡　靈侯元
庚申　541　周　景王4年
魯　昭公元
辛酉　540　周　景王5年
楚　靈王元
乙丑　536　周　景王9年
秦　哀公元
丙寅　535　周　景王10年
燕　悼公元
丁卯　534　周　景王11年
衛　靈公元
戊辰　533　周　景王12年
陳　惠公元
庚午　531　周　景王14年
晉　昭公元
宋　元公元

辛未　530　周　景王15年
蔡　侯廬元
吴　餘眛元
壬申　529　周　景王16年
鄭　定公元
癸酉　528　周　景王17年
楚　平王元
燕　共公元
甲戌　527　周　景王18年
曹　平公元
乙亥　526　周　景王19年
吴　僚元
丙子　525　周　景王20年
晉　頃公元
戊寅　523　周　景王22年
曹　悼公元
燕　平公元
庚辰　521　周　景王24年
蔡　悼侯元
壬午　519　周　敬王元年
癸未　518　周　敬王2年

蔡　昭侯元

乙酉　516　周　敬王4年

宋　景公元

丙戌　515　周　敬王5年

楚　昭王元

丁亥　514　周　敬王6年

曹　襄公元

吴　闔閭元

戊子　513　周　敬王7年

鄭　獻公元

庚寅　511　周　敬王9年

晉　定公元

壬辰　509　周　敬王11年

魯　定公元

曹　隱公元

丙申　505　周　敬王15年

陳　懷公元

曹　靖公元

丁酉　504　周　敬王16年

燕　簡公元

庚子　501　周　敬王19年

陳　湣公元

曹　伯陽元

辛丑　500　周　敬王20年

秦　惠公元

鄭　聲公元

丙午　495　周　敬王25年

吴　夫差元

丁未　494　周　敬王26年

魯　哀公元

己酉　492　周　敬王28年

衞　出公元

燕　獻公元

辛亥　490　周　敬王30年

秦　悼公元

蔡　成侯元

壬子　489　周　敬王31年

齊　晏孺元

癸丑　488　周　敬王32年

齊　悼公元

楚　惠王元

丁巳　484　周　敬王36年

		齊	簡公元
辛酉	480	周	敬王40年
		齊	平公元
		衛	莊公元
甲子	477	周	敬王43年
		衛	君起元

註：根據史記十二諸侯年表。

（二）

乙丑	476	周	元王元年
		齊	平公5
		燕	孝公22
		越	勾踐21
		秦	厲共公元
		楚	惠王13
丁卯	474	周	元王3年
		晉	出公元
癸酉	468	周	定王元年
丁丑	464	周	定王5年
		越	鹿郢元
癸未	458	周	定王11年
		越	不壽元
丙戌	455	周	定王14年
		齊	宣公元
丁亥	454	周	定王15年
		燕	成公元
庚寅	451	周	定王18年
		晉	敬公元
癸巳	448	周	定王21年
		越	朱句元
丙申	445	周	定王24年
		魏	文侯元
己亥	442	周	定王27年
		秦	躁公元
辛丑	440	周	考王元年

癸卯 438 周 考王3年

燕 文公元

戊申 433 周 考王8年

晉 幽公元

魏 文侯後元

庚戌 431 周 考王10年

楚 簡王元

癸丑 428 周 考王13年

秦 懷公元

丙辰 425 周 威烈王元年

丁巳 424 周 威烈王2年

秦 靈公元

丙寅 415 周 威烈王11年

晉 烈公元

丁卯 414 周 威烈王12年

燕 簡公元

秦 簡公元

庚午 411 周 威烈王15年

越 翳元

田 莊子卒

辛未 410 周 威烈王16年

田 悼子元

癸酉 408 周 威烈王18年

趙 烈子元

韓 景子元

甲戌 407 周 威烈王19年

楚 聲王元

丙子 405 周 威烈王21年

秦 敬公元

丁丑 404 周 威烈王22年

齊 康公元

田 和元

庚辰 401 周 安王元年

楚 悼王元

壬午 399 周 安王3年

韓 列侯元

丙戌 395 周 安王7年

魏 武侯元

戊子 393 周 安王9年

秦 惠公元

癸巳　388　周　安王14年
晉　桓公元
乙未　386　周　安王16年
趙　敬侯元
秦　出子元
丙申　385　周　安王17年
田　侯和元
丁酉　384　周　安王18年
秦　獻公元
戊戌　383　周　安王19年
田　侯剡元
辛丑　380　周　安王22年
楚　肅王元
乙巳　376　周　安王26年
韓　哀侯元
丙午　375　周　烈王元年
越　諸咎元
丁未　374　周　烈王2年
田　桓公元
戊申　373　周　烈王3年
趙　成侯元
韓　共侯元
壬子　369　周　烈王7年
魏　惠成王元
燕　桓公元
楚　宣王元
癸丑　368　周　顯王元年
己未　362　周　顯王7年
越　無余之元
庚申　361　周　顯王8年
韓　釐侯元
秦　孝公元
癸亥　358　周　顯王11年
燕　成侯元
乙丑　356　周　顯王13年
田　威王元
辛未　350　周　顯王19年
越　無顓元

壬申　349　周　顯王20年
趙　肅侯元
己卯　342　周　顯王27年
越　無彊元
壬午　339　周　顯王30年
楚　威王元
甲申　337　周　顯王32年
秦　惠文王元
戊子　333　周　顯王36年
魏　惠成王後元
己丑　332　周　顯王37年
韓　威侯元
壬辰　329　周　顯王40年
燕　易王元
癸巳　328　周　顯王41年
楚　懷王元
丙申　325　周　顯王44年
趙　武靈王元
韓　威王元

丁酉　324　周　顯王45年
秦　惠文王更元
辛丑　320　周　慎靚王元年
燕　王噲元
癸卯　318　周　慎靚王3年
田　宣王元
甲辰　317　周　慎靚王4年
魏　襄王元
丁未　314　周　赧王元年
庚戌　311　周　赧王4年
韓　襄王元
燕　昭王元
辛亥　310　周　赧王5年
秦　武王元
乙卯　306　周　赧王9年
秦　昭王元
癸亥　298　周　赧王17年
楚　頃襄王元
趙　惠文王元

梁　襄王17年

韓　襄王14年

燕　昭王14年

秦　昭王9年

註：根據陳夢家六國紀年表（燕京學報三十四期），係據竹書紀年復原，故其開始一年之燕及最後一年之魏、田與表（一）表（三）有不能銜接之處。宋、魯、鄭三國，因竹書紀年材料不足，暫未列入。請參考六國紀年，學習生活出版社。

（三）

丙寅　295　周　赧王20年

魏　昭王元

韓　釐王元

戊寅　283　周　赧王32年

田　襄王元

癸未　278　周　赧王37年

燕　惠王元

乙酉　276　周　赧王39年

魏　安釐王元

己丑　272　周　赧王43年

韓　桓惠王元

庚寅　271　周　赧王44年

燕　武成王元

丙申　265　周　赧王50年

趙　孝成王元

丁酉　264　周　赧王51年

田　王建元

己亥　262　周　赧王53年

楚　考烈王元

乙巳　256　周　赧王59年

丙午　255　秦　昭王52年

楚滅魯

丁未　254　秦　昭王53年

		燕	王喜元
辛亥	250	秦	孝文王元年
壬子	249	秦	莊襄王元年
乙卯	246	秦	王政元年
丁巳	244	秦	王政3年
		趙	悼襄王元
己未	242	秦	王政5年
		魏	景湣王元
癸亥	238	秦	王政9年
		韓	王安元
甲子	237	秦	王政10年
		楚	幽王元
丙寅	235	秦	王政12年
		趙	王遷元

辛未	230	秦	王政17年
		滅韓	
甲戌	227	秦	王政20年
		魏	王假元
		趙	代王嘉元
		楚	王負芻元
丙子	225	秦	王政22年
		滅魏	
戊寅	223	秦	王政24年
		滅楚	
己卯	222	秦	王政25年
		滅趙、燕	
庚辰	221	秦	王政26年
		滅田齊	

註：根據史記六國年表。

兩周諸侯存亡表

[國]	[公元前]	[滅者]	[出處]
秦	西周—206	六國	秦始皇本紀
西虢	? —687	秦	秦本紀
杜	? —687	秦	秦本紀
梁	? —641	秦	春秋僖19
芮	? —640	秦	秦本紀,左傳僖 19
智	? —453	韓、趙、魏	韓、趙、魏世家
北虢	? —655	晉	左傳僖5
虞	1027—655	晉	左傳僖5
晉	1024—369	韓、趙、魏	竹書紀年,晉世家
韓	403 —230	秦	秦始皇本紀
趙	403 —222	秦	秦始皇本紀
魏	403 —225	秦	秦始皇本紀
衛	1024—209	秦	衛世家
西周公	1027—249	秦	周本紀
東周公	367 —249	秦	周本紀
蘇	? —617後		春秋文10

邢	西周—635	衛	春秋僖25
東虢	？—771	鄭	鄭世家
鄭	806 —375	韓	鄭世家
許	？—494後	鄭	春秋哀1
應	西周		
陳	1027—478	楚	左傳哀17
宋	1024—286	齊	六國表
戴	？—713	鄭	左傳隱10
蔡	1027—447	楚	楚世家
沈	1027—506	蔡	左傳定4
江	？—623	楚	春秋文4
黄	？—648	楚	春秋僖12
鄧	？—678	楚	左傳莊6
鄀	？—504	楚	左傳定6
燕	1027—222	秦	秦始皇本紀
杞	1027—445	楚	楚世家
紀	？—690	齊	春秋莊4
齊	1027—379	田	齊世家
田	378 —221	秦	秦始皇本紀

鑄	1027—550後		左傳襄23
魯	1027—250	楚	魯世家(六國表作255)
郳	？—281後	楚	楚世家
邿	？—560	魯	春秋襄13
曹	1027—487	宋	左傳哀8
曾	？—567	莒	春秋襄6
莒	？—431	楚	楚世家
滕	1027—286	宋	戰國策宋策
郯	？—281 後	齊、越	楚世家
徐	？—512 後	吳、楚	春秋昭 30
吳	春秋—473	越	春秋哀22
越	春秋—333	楚	竹書紀年
楚	西周—223	秦	楚世家
中山	？—295	趙	六國表
耿	？—661	晉	左傳閔1
霍	？—661	晉	左傳閔1
鼓	？—520	晉	左傳昭22
滑	？—627	秦	左傳僖33
萊	西周—567	齊	春秋襄6

胡	? —495	楚	春秋定15
息	? —680	楚	左傳莊14
蕭	? —597	楚	春秋宣12
頓	? —496	楚	春秋定14
州來	? —529	吴	春秋昭13
鍾離	? —518	吴	左傳昭24
巢	? —518	吴	左傳昭24

註：據陳夢家西周年代考。

秦以後主要朝代年表

（一）秦以後主要朝代簡表

秦	前221—前207	共　15年
漢	前206—公元220	共 426年
西漢	前206—公元8	共 214年
新	公元9—23	共　15年
東漢	25—220	共 196年
三國	220—265	共　46年
魏	220—265	共　46年
蜀	221—263	共　43年
吴	222—280	共　59年
晉	265—420	共 156年
西晉	265—317	共　53年
東晉	317—420	共 104年
南北朝	420—589	共 170年
南朝	420—589	共 170年

宋	420—479	共　60年
齊	479—502	共　24年
梁	502—557	共　56年
陳	557—589	共　33年
後梁	555—587	共　33年
北朝	386—581	共 196年
北魏	386—534	共 149年
東魏	534—550	共　17年
西魏	535—556	共　22年
北齊	550—577	共　28年
北周	557—581	共　25年
隋	581—618	共　38年
唐	618—907	共 290年
武周	684—704	共　21年
五代	907—960	共　54年
梁	907—923	共　17年
唐	923—936	共　14年
晉	936—946	共　11年
漢	947—950	共　4年
周	951—960	共　10年

宋	960—1279	共 320年
北宋	960—1127	共 168年
南宋	1127—1279	共 153年
契丹・遼	907—1211	共 305年
契丹	907—947	共 41年
遼	947—1211	共 265年
西遼	1124—1211	共 88年
金	1115—1234	共 120年
蒙古・元	1206—1368	共 163年
蒙古	1206—1271	共 66年
元	1271—1368	共 98年
明	1368—1661	共 294年
南明	1645—1661	共 17年
後金・清	1616—1911	共 296年
後金	1616—1636	共 21年
清	1636—1911	共 276年

（二）秦以後主要朝代建元表

表列次序：1.廟號；2.帝王原名；3.年號；4.年號使用年數，其中無括弧的指第幾年；5.公元；6.元年的甲子。

秦

始皇帝	嬴政			前246—前210	乙卯
二世	胡亥			前209—前207	壬辰
	子嬰			前207	甲午

漢

高祖	劉邦			前206—前195	乙未
惠帝	劉盈			前194—前188	丁未
高后	吕雉			前187—前180	甲寅
文帝	劉恒	前元	（16）	前179—前164	壬戌
		後元	（7）	前163—前157	戊寅
景帝	劉啓	前元	（7）	前156—前150	乙酉
		中元	（6）	前149—前144	壬辰
		後元	（3）	前143—前141	戊戌

武帝	劉徹	建元（6）	前140—前135	辛丑
		元光（6）	前134—前129	丁未
		元朔（6）	前128—前123	癸丑
		元狩（6）	前122—前117	己未
		元鼎（7）	前116—前110	乙丑
		元封（6）	前110—前105	辛未
		太初（4）	前104—前101	丁丑
		天漢（4）	前100—前97	辛巳
		太始（4）	前96—前93	乙酉
		征和（4）	前92—前89	己丑
		後元（2）	前88—前87	癸巳
昭帝	劉弗陵	始元（7）	前86—前80	乙未
		元鳳（6）	前80—前75	辛丑
		元平（1）	前74	丁未
宣帝	劉詢	本始（4）	前73—前70	戊申
		地節（4）	前69—前66	壬子
		元康（4）	前65—前62	丙辰
		神爵（4）	前61—前58	庚申
		五鳳（4）	前57—前54	甲子

		甘露（4）	前53—前50	戊辰
		黄龍（1）	前49	壬申
元帝	劉奭	初元（5）	前48—前44	癸酉
		永光（5）	前43—前39	戊寅
		建昭（5）	前38—前34	癸未
		竟寧（1）	前33	戊子
成帝	劉驁	建始（4）	前32—前29	己丑
		河平（4）	前28—前25	癸巳
		陽朔（4）	前24—前21	丁酉
		鴻嘉（4）	前20—前17	辛丑
		永始（4）	前16—前13	乙巳
		元延（4）	前12—前9	己酉
		綏和（2）	前8—前7	癸丑
哀帝	劉欣	建平（4）	前6—前3	乙卯
		太初元將	前5	丙辰
		元壽（2）	前2—前1	己未
平帝	劉衎	元始（5）	公元1—5	辛酉
孺子嬰		居攝（3）	6—8	丙寅
		初始（1）	8	戊辰

新

王莽		始建國（5）	9—13	己巳
		天鳳（6）	14—19	甲戌
		地皇（4）	20—23	庚辰
淮陽王	劉玄	更始（3）	23—25	癸未

東漢

光武帝	劉秀	建武（32）	25—56	乙酉
		中元（2）	56—57	丙辰
明帝	劉莊	永平（18）	58—75	戊午
章帝	劉炟	建初（9）	76—84	丙子
		元和（4）	84—87	甲申
		章和（2）	87—88	丁亥
和帝	劉肇	永元（17）	89—105	己丑
		元興	105	乙巳
殤帝	劉隆	延平（1）	106	丙午
安帝	劉祜	永初（7）	107—113	丁未
		元初（7）	114—120	甲寅
		永寧（2）	120—121	庚申
		建光（2）	121—122	辛酉

		延光（4）	122—125	壬戌
順帝	劉保	永建（7）	126—132	丙寅
		陽嘉（4）	132—135	壬申
		永和（6）	136—141	丙子
		漢安（3）	142—144	壬午
		建康	144	甲申
冲帝	劉炳	永嘉（1）	145	乙酉
質帝	劉纘	本初（1）	146	丙戌
桓帝	劉志	建和（3）	147—149	丁亥
		和平（1）	150	庚寅
		元嘉（3）	151—153	辛卯
		永興（2）	153—154	癸巳
		永壽（4）	155—158	乙未
		延熹（10）	158—167	戊戌
		永康	167	丁未
靈帝	劉宏	建寧（5）	168—172	戊申
		熹平（7）	172—178	壬子
		光和（7）	178—184	戊午
		中平（6）	184—189	甲子

少帝	劉辯	光熹		189	己巳
		昭寧		189	己巳
獻帝	劉協	永漢		189	己巳
		中平	6年	189	己巳
		初平	（4）	190—193	庚午
		興平	（2）	194—195	甲戌
		建安	（25）	196—220	丙子
		延康		220	庚子

三國

魏

文帝	曹丕	黄初	（7）	220—226	庚子
明帝	曹叡	太和	（7）	227—233	丁未
		青龍	（5）	233—237	癸丑
		景初	（3）	237—239	丁巳
邵陵厲公	曹芳	正始	（10）	240—249	庚申
		嘉平	（6）	249—254	己巳
高貴鄉公	曹髦	正元	（3）	254—256	甲戌
		甘露	（5）	256—260	丙子
元帝	曹奂	景元	（5）	260—264	庚辰

		咸熙	（2）	264—265	甲申

蜀

昭烈帝	劉備	章武	（3）	221—223	辛丑
後主	劉禪	建興	（15）	223—237	癸卯
		延熙	（20）	238—257	戊午
		景耀	（6）	258—263	戊寅
		炎興		263	癸未

吴

大帝	孫權	黄武	（8）	222—229	壬寅
		黄龍	（3）	229—231	己酉
		嘉禾	（7）	232—238	壬子
		赤烏	（14）	238—251	戊午
		太元	（2）	251—252	辛未
		神鳳		252	壬申
侯官侯	孫亮	建興	（2）	252—253	壬申
		五鳳	（3）	254—256	甲戌
		太平	（3）	256—258	丙子
景帝	孫休	永安	（7）	258—264	戊寅
歸命侯	孫皓	元興	（2）	264—265	甲申

		甘露	（2）	265—266	乙酉
		寶鼎	（4）	266—269	丙戌
		建衡	（3）	269—271	己丑
		鳳凰	（3）	272—274	壬辰
		天册	（1）	275	乙未
		天璽	（1）	276	丙申
		天紀	（4）	277—280	丁酉

晉

西晉

武帝	司馬炎	泰始	（10）	265—274	乙酉
		咸寧	（6）	275—280	乙未
		太康	（10）	280—289	庚子
		太熙		290	庚戌
惠帝	司馬衷	永熙	（2）	290—291	庚戌
		永平		291	辛亥
		元康	（9）	291—299	辛亥
		永康	（2）	300—301	庚申
		永寧	（2）	301—302	辛酉
		太安	（3）	302—304	壬戌

		永安	304	甲子
		建武	304	甲子
		永安	304	甲子
		永興（3）	304—306	甲子
		光熙	306	丙寅
懷帝	司馬熾	永嘉（7）	307—313	丁卯
愍帝	司馬鄴	建興（5）	313—317	癸酉

東晉

元帝	司馬睿	建武（2）	317—318	丁丑
		大興（4）	318—321	戊寅
		永昌（2）	322—323	壬午
明帝	司馬紹	太寧（4）	323—326	癸未
成帝	司馬衍	咸和（9）	326—334	丙戌
		咸康（8）	335—342	乙未
康帝	司馬岳	建元（2）	343—344	癸卯
穆帝	司馬聃	永和（12）	345—356	乙巳
		升平（5）	357—361	丁巳
哀帝	司馬丕	隆和（2）	362—363	壬戌
		興寧（3）	363—365	癸亥

海西公	司馬奕	太和	（6）	366—371	丙寅
簡文帝	司馬昱	咸安	（2）	371—372	辛未
孝武帝	司馬曜	寧康	（3）	373—375	癸酉
		太元	（21）	376—396	丙子
安帝	司馬德宗	隆安	（5）	397—401	丁酉
		元興		402	壬寅
		隆安	6年	402	壬寅
		大亨		402	壬寅
		元興	2—3年	403—404	癸卯
		義熙	（14）	405—418	乙巳
恭帝	司馬德文	元熙	（2）	419—420	己未

南朝

宋

武帝	劉裕	永初	（3）	420—422	庚申
少帝	劉義符	景平	（2）	423—424	癸亥
文帝	劉義隆	元嘉	（30）	424—453	甲子
孝武帝	劉駿	孝建	（3）	454—456	甲午
		大明	（8）	457—464	丁酉
廢帝	劉子業	永光		465	乙巳

		景和	465	乙巳
明帝	劉彧	泰始（7）	465—471	乙巳
		泰豫（1）	472	壬子
蒼梧王	劉昱	元徽（5）	473—477	癸丑
順帝	劉準	昇明（3）	477—479	丁巳

齊

高帝	蕭道成	建元（4）	479—482	己未
武帝	蕭賾	永明（11）	483—493	癸亥
鬱林王	蕭昭業	隆昌	494	甲戌
海陵王	蕭昭文	延興	494	甲戌
明帝	蕭鸞	建武（5）	494—498	甲戌
		永泰	498	戊寅
東昏侯	蕭寶卷	永元（3）	499—501	己卯
和帝	蕭寶融	中興（2）	501—502	辛巳

梁

武帝	蕭衍	天監（18）	502—519	壬午
		普通（8）	520—527	庚子
		大通（3）	527—529	丁未
		中大通（6）	529—534	己酉

		大同（12）	535—546	乙卯
		中大同（2）	546—547	丙寅
		太清（3）	547—549	丁卯
簡文帝	蕭綱	大寶（2）	550—551	庚午
豫章王	蕭棟	天正（2）	551—552	辛未
元帝	蕭繹	承聖（4）	552—555	壬申
貞陽侯	蕭淵明	天成	555	乙亥
敬帝	蕭方智	紹泰（2）	555—556	乙亥
		太平（2）	556—557	丙子

陳

武帝	陳霸先	永定（3）	557—559	丁丑
文帝	陳蒨	天嘉（7）	560—566	丙辰
		天康	566	丙戌
臨海王	陳伯宗	光大（2）	567—568	丁亥
宣帝	陳頊	太建（14）	569—582	己丑
後主	陳叔寶	至德（4）	583—586	癸卯
		禎明（3）	587—589	丁未

後梁

宣帝	蕭詧	大定（8）	555—562	乙亥

明帝	蕭巋	天保	（24）	562—585	壬午
莒公	蕭琮	廣運	（2）	586—587	丙午

北朝

北魏

道武帝	拓跋珪	登國	（11）	386—396	丙戌
		皇始	（3）	396—398	丙申
		天興	（7）	398—404	戊戌
		天賜	（6）	404—409	甲辰
明元帝	拓跋嗣	永興	（5）	409—413	己酉
		神瑞	（3）	414—416	甲寅
		泰常	（8）	416—423	丙辰
太武帝	拓跋燾	始光	（5）	424—428	甲子
		神䴥	（4）	428—431	戊辰
		延和	（3）	432—434	壬申
		太延	（6）	435—440	乙亥
		太平真君	（12）	440—451	庚辰
		正平	（2）	451—452	辛卯
南安王	拓跋余	承平		452	壬辰
文成帝	拓跋濬	興安	（3）	452—454	壬辰

		興光（2）	454—455	甲午
		太安（5）	455—459	乙未
		和平（6）	460—465	庚子
獻文帝	拓跋弘	天安（2）	466—467	丙午
		皇興（5）	467—471	丁未
孝文帝	拓跋宏（元宏）	延興（6）	471—476	辛亥
		承明	476	丙辰
		太和（23）	477—499	丁巳
宣武帝	元恪	景明（4）	500—503	庚辰
		正始（5）	504—508	甲申
		永平（5）	508—512	戊子
		延昌（4）	512—515	壬辰
孝明帝	元詡	熙平（3）	516—518	丙申
		神龜（3）	518—520	戊戌
		正光（6）	520—525	庚子
		孝昌（3）	525—527	乙巳
		武泰	528	戊申
孝莊帝	元子攸	建義	528	戊申
		永安（3）	528—530	戊申

東海王	元曄	建明	（2）	530—531	庚戌
節閔帝	元恭	普泰	（2）	531—532	辛亥
安定王	元朗	中興	（2）	531—532	辛亥
孝武帝	元修	太昌		532	壬子
		永興		532	壬子
		永熙	（3）	532—534	壬子

東魏

孝静帝	元善見	天平	（4）	534—537	甲寅
		元象	（2）	538—539	戊午
		興和	（4）	539—542	己未
		武定	（8）	543—550	癸亥

西魏

文帝	元寶炬	大統	（17）	535—551	乙卯
廢帝	元欽		（3）	552—554	壬申
恭帝	元廓		（3）	554—556	甲戌

北齊

文宣帝	高洋	天保	（10）	550—559	庚午
廢帝	高殷	乾明		560	庚辰
孝昭帝	高演	皇建	（2）	560—561	庚辰

武成帝	高湛	太寧	（2）	561—562	辛巳
		河清	（4）	562—565	壬午
温公	高緯	天統	（5）	565—569	乙酉
		武平	（7）	570—576	庚寅
		隆化	（2）	576—577	丙申
安德王	高延宗	德昌		576	丙申
幼主	高恒	承光	（1）	577	丁酉

北周

閔帝	宇文覺		（1）	557	丁丑
明帝	宇文毓		（2）	557—558	丁丑
		武成	（2）	559—560	己卯
武帝	宇文邕	保定	（5）	561—565	辛巳
		天和	（7）	566—572	丙戌
		建德	（7）	572—578	壬辰
		宣政		578	戊戌
宣帝	宇文贇	大成		579	己亥
静帝	宇文闡	大象	（2）	579—580	己亥
		大定		581	辛丑

隋

文帝	楊堅	開皇	（20）	581—600	辛丑
		仁壽	（4）	601—604	辛酉
煬帝	楊廣	大業	（13）	605—617	乙丑
恭帝	楊侑	義寧	（2）	617—618	丁丑

唐

高祖	李淵	武德	（9）	618—626	戊寅
太宗	李世民	貞觀	（23）	627—649	丁亥
高宗	李治	永徽	（6）	650—655	庚戌
		顯慶	（6）	656—661	丙辰
		龍朔	（3）	661—663	辛酉
		麟德	（2）	664—665	甲子
		乾封	（3）	666—668	丙寅
		總章	（3）	668—670	戊辰
		咸亨	（5）	670—674	庚午
		上元	（3）	674—676	甲戌
		儀鳳	（4）	676—679	丙子
		調露	（2）	679—680	己卯
		永隆	（2）	680—681	庚辰

		開耀（2）	681—682	辛巳
		永淳（2）	682—683	壬午
		弘道	683	癸未
中宗	李顯	嗣聖	684	甲申
睿宗	李旦	文明	684	甲申

武周

則天后	武曌	光宅	684	甲申
		垂拱（4）	685—688	乙酉
		永昌	689	己丑
		載初（2）	689—690	己丑
		天授（3）	690—692	庚寅
		如意	692	壬辰
		長壽（3）	692—694	壬辰
		延載	694	甲午
		証聖	695	乙未
		天册萬歲（2）	695—696	乙未
		萬歲登封	696	丙申
		萬歲通天（2）	696—697	丙申

		神功	697	丁酉
		聖曆 （3）	698—700	戊戌
		久視	700	庚子
		大足	701	辛丑
		長安 （4）	701—704	辛丑
		神龍	705	乙巳

唐

中宗	李顯	神龍 （3）	705—707	乙巳
		景龍 （4）	707—710	丁未
温王	李重茂	唐隆	710	庚戌
睿宗	李旦	景雲 （2）	710—711	庚戌
		太極	712	壬子
		延和	712	壬子
玄宗	李隆基	先天 （2）	712—713	壬子
		開元 （29）	713—741	癸丑
		天寶 （15）	742—756	壬午
肅宗	李亨	至德 （3）	756—758	丙申
		乾元 （3）	758—760	戊戌
		上元 （3）	760—762	庚子

		寶應	（2）	762—763	壬寅
代宗	李豫	廣德	（2）	763—764	癸卯
		永泰	（2）	765—766	乙巳
		大曆	（14）	766—779	丙午
德宗	李适	建中	（4）	780—783	庚申
		興元	（1）	784	甲子
		貞元	（21）	785—805	乙丑
順宗	李誦	永貞		805	乙酉
憲宗	李純	元和	（15）	806—820	丙戌
穆宗	李恒	長慶	（4）	821—824	辛丑
敬宗	李湛	寶曆	（3）	825—827	乙巳
文宗	李昂	大和	（9）	827—835	丁未
		開成	（5）	836—840	丙辰
武宗	李瀍	會昌	（6）	841—846	辛酉
宣宗	李忱	大中	（14）	847—860	丁卯
懿宗	李漼	咸通	（15）	860—874	庚辰
僖宗	李儇	乾符	（6）	874—879	甲午
		廣明	（2）	880—881	庚子
		中和	（5）	881—885	辛丑

		光啓 （4）	885—888	乙巳
		文德 （1）	888	戊申
昭宗	李曄	龍紀 （1）	889	己酉
		大順 （2）	890—891	庚戌
		景福 （2）	892—893	壬子
		乾寧 （5）	894—898	甲寅
		光化 （4）	898—901	戊午
		天復 （4）	901—904	辛酉
		天祐 1年	904	甲子
昭宣帝	李柷	天祐 2—4年	905—907	乙丑

五代

梁

太祖	朱温	開平 （5）	907—911	丁卯
		乾化 1—2年	911—912	辛未
庶人	朱友珪	鳳曆	913	癸酉
末帝	朱友貞	乾化 3—5年	913—915	癸酉
		貞明 （7）	915—921	乙亥
		龍德 （3）	921—923	辛巳

唐

莊宗	李存勗	同光 （4）	923—926	癸未

明宗	李嗣源	天成	（5）	926—930	丙戌
		長興	（4）	930—933	庚寅
閔帝	李從厚	應順		934	甲午
潞王	李從珂	清泰	（3）	934—936	甲午

晉

高祖	石敬瑭	天福	1—6年	936—941	丙申
出帝	石重貴	天福	7—9年	942—944	壬寅
		開運	（3）	944—946	甲辰

漢

高祖	劉知遠	天福	12年	947	丁未
		乾祐		948	戊申
隱帝	劉承祐	乾祐	1—3年	948—950	戊申

周

太祖	郭威	廣順	（3）	951—953	辛亥
		顯德		954	甲寅
世宗	柴榮	顯德	1—6年	954—959	甲寅
恭帝	郭宗訓	顯德	6—7年	959—960	己未

宋

北宋

太祖	趙匡胤	建隆	（4）	960—963	庚申
		乾德	（6）	963—968	癸亥
		開寶	（9）	968—976	戊辰
太宗	趙光義	太平興國	（9）	976—984	丙子
		雍熙	（4）	984—987	甲申
		端拱	（2）	988—989	戊子
		淳化	（5）	990—994	庚寅
		至道	（3）	995—997	乙未
真宗	趙恒	咸平	（6）	998—1003	戊戌
		景德	（4）	1004—1007	甲辰
		大中祥符	（9）	1008—1016	戊申
		天禧	（5）	1017—1021	丁巳
		乾興	（1）	1022	壬戌
仁宗	趙禎	天聖	（10）	1023—1032	癸亥
		明道	（2）	1032—1033	壬申
		景祐	（5）	1034—1038	甲戌
		寶元	（3）	1038—1040	戊寅

		康定	（2）	1040—1041	庚辰
		慶曆	（8）	1041—1048	辛巳
		皇祐	（6）	1049—1054	己丑
		至和	（3）	1054—1056	甲午
		嘉祐	（8）	1056—1063	丙申
英宗	趙曙	治平	（4）	1064—1067	甲辰
神宗	趙頊	熙寧	（10）	1068—1077	戊申
		元豐	（8）	1078—1085	戊午
哲宗	趙煦	元祐	（9）	1086—1094	丙寅
		紹聖	（5）	1094—1098	甲戌
		元符	（3）	1098—1100	戊寅
徽宗	趙佶	建中靖國	（1）	1101	辛巳
		崇寧	（5）	1102—1106	壬午
		大觀	（4）	1107—1110	丁亥
		政和	（8）	1111—1118	辛卯
		重和	（2）	1118—1119	戊戌
		宣和	（7）	1119—1125	己亥
欽宗	趙桓	靖康	（2）	1126—1127	丙午

南宋

高宗	趙構	建炎	（4）	1127—1130	丁未
		紹興	（32）	1131—1162	辛亥
孝宗	趙昚	隆興	（2）	1163—1164	癸未
		乾道	（9）	1165—1173	乙酉
		淳熙	（16）	1174—1189	甲午
光宗	趙惇	紹熙	（5）	1190—1194	庚戌
寧宗	趙擴	慶元	（6）	1195—1200	乙卯
		嘉泰	（4）	1201—1204	辛酉
		開禧	（3）	1205—1207	乙丑
		嘉定	（17）	1208—1224	戊辰
理宗	趙昀	寶慶	（3）	1225—1227	乙酉
		紹定	（6）	1228—1233	戊子
		端平	（3）	1234—1236	甲午
		嘉熙	（4）	1237—1240	丁酉
		淳祐	（12）	1241—1252	辛丑
		寶祐	（6）	1253—1258	癸丑
		開慶	（1）	1259	己未
		景定	（5）	1260—1264	庚申

度宗	趙禥	咸淳	（10）	1265—1274	乙丑
恭帝	趙㬎	德祐	（2）	1275—1276	乙亥
端宗	趙昰	景炎	（3）	1276—1278	丙子
帝昺	趙昺	祥興	（2）	1278—1279	戊寅

契丹·遼

大同元年（947年）建國號大遼

太祖	耶律阿保機		（10）	907—916	丁卯
		神册	（6）	916—921	丙子
		天贊	（5）	922—926	壬午
		天顯	1年	926	丙戌
太宗	耶律德光	天顯	2—13年	927—938	丁亥
		會同	（10）	938—947	戊戌
		大同		947	丁未
世宗	耶律兀欲	天禄	（5）	947—951	丁未
穆宗	耶律述律	應曆	（19）	951—969	辛亥
景宗	耶律賢	保寧	（11）	969—979	己巳
		乾亨	（5）	979—983	己卯
聖宗	耶律隆緒	統和	（30）	983—1012	癸未
		開泰	（10）	1012—1021	壬子

		太平	（11）	1021—1031	辛酉
興宗	耶律宗真	景福	（2）	1031—1032	辛未
		重熙	（24）	1032—1055	壬申
道宗	耶律洪基	清寧	（10）	1055—1064	乙未
		咸雍	（10）	1065—1074	乙巳
		大康	（10）	1075—1084	乙卯
		大安	（10）	1085—1094	乙丑
		壽昌	（7）	1095—1101	乙亥
天祚帝	耶律延禧	乾統	（10）	1101—1110	辛巳
		天慶	（10）	1111—1120	辛卯
		保大	（5）	1121—1125	辛丑

西遼

德宗	耶律大石			1124—1130	甲辰
		延慶	（3）	1131—1133	辛亥
		康國	（10）	1134—1143	甲寅
感天后	蕭氏	咸清	（7）	1144—1150	甲子
仁宗	耶律夷列	紹興	（13）	1151—1163	辛未
承天后	耶律氏	崇福	（14）	1164—1177	甲申
末主	耶律直魯古	天禧	（34）	1178—1211	戊戌

金

太祖	完顏旻	收國	（2）	1115—1116	乙未
		天輔	（7）	1117—1123	丁酉
太宗	完顏晟	天會	1—13年	1123—1135	癸卯
熙宗	完顏亶	天會	13—15年	1135—1137	乙卯
		天眷	（3）	1138—1140	戊午
		皇統	（9）	1141—1149	辛酉
海陵王	完顏亮	天德	（5）	1149—1153	己巳
		貞元	（4）	1153—1156	癸酉
		正隆	（6）	1156—1161	丙子
世宗	完顏雍	大定	（29）	1161—1189	辛巳
章宗	完顏景	明昌	（7）	1190—1196	庚戌
		承安	（5）	1196—1200	丙辰
		泰和	（8）	1201—1208	辛酉
衛紹王	完顏永濟	大安	（3）	1209—1211	己巳
		崇慶	（2）	1212—1213	壬申
		至寧		1213	癸酉
宣宗	完顏珣	貞祐	（5）	1213—1217	癸酉
		興定	（6）	1217—1222	丁丑

		元光	（2）	1222—1223	壬午
哀宗	完顔守緒	正大	（9）	1224—1232	甲申
		開興		1232	壬辰
		天興	（3）	1232—1234	壬辰
末帝	完顔承麟	盛昌		1234	甲午
		天興	3年	1234	甲午

註：金太祖原名阿骨打，太宗原名吴乞買，熙宗原名合剌，海陵王原名迪乃古，世宗原名馬禄，章宗原名麻達葛，衛紹王原名允濟，宣宗原名吾睹，哀宗原名守禮，又名寧甲速。

蒙古·元

至元八年（1271年）建國號大元

太祖	鐵木真			1206—1227	丙寅
睿宗	拖雷			1228	戊子
太宗	窩闊台			1229—1241	己丑
太宗后	乃馬真氏			1242—1245	壬寅
定宗	貴由			1246—1248	丙午
定宗后	斡兀			1249—1250	己酉
憲宗	蒙哥			1251—1260	辛亥
世祖	忽必烈	中統	（5）	1260—1264	庚申
		至元	（31）	1264—1294	甲子

成宗	鐵穆耳	元貞	（3）	1295—1297	乙未
		大德	（11）	1297—1307	丁酉
武宗	海山	至大	（4）	1308—1311	戊申
仁宗	愛育黎拔力八達	皇慶	（2）	1312—1313	壬子
		延祐	（7）	1314—1320	甲寅
英宗	碩德八剌	至治	（3）	1321—1323	辛酉
泰定帝	也孫鐵木兒	泰定	（5）	1324—1328	甲子
		致和		1328	戊辰
幼主	阿速吉八	天順		1328	戊辰
明宗	和世㻋	天曆	2年	1329	己巳
文宗	圖帖睦爾	天曆	（3）	1328—1330	戊辰
		至順	1—3年	1330—1332	庚午
寧宗	懿璘質班	至順	3年	1332	壬申
順帝	妥懽貼睦爾	至順	4年	1333	癸酉
		元統	（3）	1333—1335	癸酉
		至元	（6）	1335—1340	乙亥
		至正	（28）	1341—1368	辛巳

明

太祖	朱元璋	洪武	（31）	1368—1398	戊申

惠帝	朱允炆	建文	（4）	1399—1402	己卯
成祖	朱棣	洪武	35年	1402	壬午
		永樂	（22）	1403—1424	癸未
仁宗	朱高熾	洪熙	（1）	1425	乙巳
宣宗	朱瞻基	宣德	（10）	1426—1435	丙午
英宗	朱祁鎮	正統	（14）	1436—1449	丙辰
代宗	朱祁鈺	景泰	（7）	1450—1456	庚午
英宗	朱祁鎮	天順	（8）	1457—1464	丁丑
憲宗	朱見深	成化	（23）	1465—1487	乙酉
孝宗	朱祐樘	弘治	（18）	1488—1505	戊申
武宗	朱厚照	正德	（16）	1506—1521	丙寅
世宗	朱厚熜	嘉靖	（45）	1522—1566	壬午
穆宗	朱載垕	隆慶	（6）	1567—1572	丁卯
神宗	朱翊鈞	萬曆	（48）	1573—1620	癸酉
光宗	朱常洛	泰昌		1620	庚申
熹宗	朱由校	天啓	（7）	1621—1627	辛酉
思宗	朱由檢	崇禎	（17）	1628—1644	戊辰
			南明		
福王	朱由崧	弘光		1645	乙酉

唐王	朱聿鍵	隆武	（2）	1645—1646	乙酉
	朱聿𨮁	紹武		1646	丙戌
魯王	朱以海	庚寅	（6）	1646—1655	丙戌
桂王（永明王）	朱由榔	永曆	（15）	1647—1661	丁亥
淮王	朱常清			1648	戊子

满洲·後金·清

天命元年（1616年）定國號曰金

崇德元年（1636年）改號大清

太祖	努爾哈齊			1583—1615	癸未
		天命	（11）	1616—1626	丙辰
太宗	皇太極	天聰	（10）	1627—1636	丁卯
		崇德	（8）	1636—1643	丙子
世祖	福臨	順治	（18）	1644—1661	甲申
聖祖	玄燁	康熙	（61）	1662—1722	壬寅
世宗	胤禛	雍正	（13）	1723—1735	癸卯
高宗	弘曆	乾隆	（60）	1736—1795	丙辰
仁宗	顒琰	嘉慶	（25）	1796—1820	丙辰
宣宗	旻寧	道光	（30）	1821—1850	辛巳
文宗	奕詝	咸豐	（11）	1851—1861	辛亥

穆宗	載淳	同治（13）	1862—1874	壬戌
德宗	載湉	光緒（34）	1875—1908	乙亥
/	溥儀	宣統（3）	1909—1911	己酉

註：本表主要根據李兆洛歷代紀元編，陳垣陳氏中西回史日曆，薛仲三、歐陽頤兩千年中西曆對照表，部分地參考正史本紀。
西遼年代，主要根據丁謙西遼立國本末考。

十六國年表

（一）

1. 十六國，304—439年，共136年。

2. 除代之外，均在舊史所謂十六國内。

前趙（匈奴）	304—329年	共26年
漢（匈奴）	304—318年	共15年
前趙（匈奴）	319—329年	共11年
後趙（羯·漢）	319—352年	共34年
後趙（羯）	319—350年	共32年
冉魏（漢）	350—352年	共3年
前燕（鮮卑）	337—370年	共34年
後燕（鮮卑）	384—409年	共26年
西燕（鮮卑）	384—394年	共11年
南燕（鮮卑）	398—410年	共13年
北燕（漢）	409—436年	共28年
前秦（氐）	351—394年	共44年

後秦（羌）	384—417年	共34年
西秦（鮮卑）	385—431年	共47年
夏（匈奴）	407—431年	共25年
前涼（漢）	354—376年	共23年
後涼（氐）	386—403年	共18年
南涼（鮮卑）	397—414年	共18年
北涼（匈奴）	397—439年	共43年
西涼（漢）	400—421年	共22年
成漢（或稱蜀：賨）	303—347年	共45年
成（賨）	303—338年	共36年
漢（賨）	338—347年	共10年
代（鮮卑）	312—376年	共65年

（二）

1.兩晉及宋用【　】，舊史所謂十六國用（　），此外諸國用〔　〕。

2.表中所載除註明者外，均係元年。

3.年號之後，括弧内的數字，是該年號使用年數。

甲子	公元	
癸亥	303	【晉】惠帝太安（2年）
		（成）李特建初（2）
甲子	304	【晉】永興（3）
		（漢）劉淵元熙（4）
		（成）李雄建興（2）
丙寅	306	【晉】光熙
		（成）晏平（5）
丁卯	307	【晉】懷帝永嘉（7）
戊辰	308	（漢）永鳳（1）
己巳	309	（漢）河瑞（1）
庚午	310	（漢）劉聰光興（1）
辛未	311	（漢）嘉平（4）
		（成）玉衡（24）
癸酉	313	【晉】愍帝建興（5）
乙亥	315	（漢）建元（1）
丙子	316	（漢）麟嘉（2）
丁丑	317	【東晉】元帝建武（2）
		（前涼）張寔建興5年（—7年）（永安？）

戊寅	318	【東晉】大興（4）
		（漢）劉粲漢昌，劉曜光初（12）
己卯	319	（前趙）劉曜改國號趙，是爲前趙。
		（後趙）石勒趙王元年（9）
庚辰	320	（前涼）張茂（永元？）
壬午	322	【東晉】永昌（2）
癸未	323	【東晉】明帝太寧（4）
甲申	324	（前涼）張駿（太元？）
丙戌	326	【東晉】成帝咸和（9）
戊子	328	（後趙）太和（2）
己丑	329	（後趙）滅（前趙）
庚寅	330	（後趙）建平（4）
甲午	334	（後趙）石弘延熙（1）
乙未	335	【東晉】咸康（8）
		（成）李期玉恒（3）
		（後趙）石虎建武（14）
戊戌	338	（成）李壽漢興（6）。壽改國號爲漢，故又稱成漢。
		〔代〕什翼犍建國（39）
癸卯	343	【東晉】康帝建元（2）

甲辰	344	（成漢）李勢太和（2）
乙巳	345	【東晉】穆帝永和（12）
		（前燕）慕容皝不用晉年號，自稱十二年。
丙午	346	（成漢）嘉寧（2）
		（前涼）張重華（永樂?）
丁未	347	（成漢）降東晉
己酉	349	（後趙）太寧（1）
		（前燕）慕容儁燕元（3）
庚戌	350	（後趙）石鑒青龍，石祗永寧。冉閔永興（3）。閔改國號爲魏，史稱冉魏。
辛亥	351	（前秦）苻健皇始（4）
壬子	352	（前燕）元璽（5），滅（後趙）
甲寅	354	（前涼）張祚改建興42年爲和平元年
乙卯	355	（前涼）張玄靚建興43年（太始？）
		（前秦）苻生壽光（2）
丁巳	357	【東晉】升平（5）
		（前燕）光壽（3）
		（前秦）苻堅永興（2）

己未	359	（前秦）甘露（6）
庚申	360	（前燕）慕容暐建熙（11）
辛酉	361	（前涼）建興49年，改用升平年號。
壬戌	362	【東晉】哀帝隆和（2）
癸亥	363	【東晉】興寧（3）
		（前涼）張天錫（太清？）
甲子	364	（前涼）升平8年
乙丑	365	（前秦）建元（20）
丙寅	366	【東晉】海西公太和（6）
庚午	370	（前秦）滅（前燕）
辛未	371	【東晉】簡文帝咸安（2）
癸酉	373	【東晉】孝武帝寧康（3）
丙子	376	【東晉】太元（21）
		（前秦）滅〔代〕，滅（前涼）。
甲申	384	（後燕）慕容垂燕元（2）
		（後秦）姚萇白雀（2）
		（西燕）慕容泓燕興（1）
乙酉	385	（前秦）苻丕大安（1）
		（西燕）慕容冲更始（1）
		（西秦）乞伏國仁建義（3）

丙戌	386	（前秦）苻登太初（8）
		（後燕）建興（10）
		（後秦）建初（8）
		（西燕）段隨昌平，慕容顗建明，慕容瑶建平，慕容忠建武，慕容永中興（9）。
		（後涼）吕光大安（4）
		〔魏〕道武帝拓跋珪登國（11）
戊子	388	（西秦）乞伏乾歸太初（13）
己丑	389	（後涼）麟嘉（7）
甲午	394	（前秦）苻崇延初，滅於（西秦）。
		（後秦）姚興皇初（5）
		（後燕）滅（西燕）
丙申	396	（後燕）慕容寶永康（1）
		（後涼）龍飛（3）
		〔魏〕皇始（3）
丁酉	397	【東晉】安帝隆安（5）
		（後燕）慕容詳建始，慕容麟延平。
		（南涼）秃髮烏孤太初（3）
		（北涼）段業神璽（2）

戊戌	398	（後燕）慕容蘭𣵀青龍，慕容盛建平。
		（南燕）慕容德燕平（2）
		〔魏〕天興（7）
己亥	399	（後燕）長樂（2）
		（後秦）弘始（17）
		（後涼）吕纂咸寧（2）
		（北涼）天璽（2）
庚子	400	（西秦）降（後秦）
		（南涼）利鹿孤建和（2）
		（南燕）建平（5）
		（西涼）李暠庚子
辛丑	401	（後燕）慕容熙光始（6）
		（後涼）吕隆神鼎（3）
		（北涼）沮渠蒙遜永安（11）
		（西涼）辛丑
壬寅	402	【東晉】元興（3）
		（南涼）傉檀弘昌（2）
		（西涼）壬寅
癸卯	403	（後秦）滅（後涼）
		（西涼）癸卯

甲辰	404	（南涼）去年號
		（西涼）甲辰
		〔魏〕天賜（6）
乙巳	405	【東晉】義熙（14）
		（南燕）慕容超太上（6）
		（西涼）建初（12）
丁未	407	（後燕）建始，高雲正始（3）。
		（夏）赫連勃勃龍昇（6）
戊申	408	（南涼）嘉平（7）
己酉	409	（西秦）乾歸復國，更始（3）。
		（北燕）馮跋太平（22），代（後燕）。
		〔魏〕明元帝永興（5）
庚戌	410	【東晉】滅（南燕）
壬子	412	（西秦）乞伏熾盤永康（8）
		（北涼）玄始（16）
癸丑	413	（夏）鳳翔（5）
甲寅	414	（西秦）滅（南涼）
		〔魏〕神瑞（3）
丙辰	416	（後秦）姚泓永和（2）
		〔魏〕泰常（8）

丁巳	417	【東晉】滅（後秦）
		（西涼）李歆嘉興（3）
戊午	418	（夏）昌武（1）
己未	419	【東晉】恭帝元熙（2）
		（夏）真興（6）
庚申	420	【宋】武帝永初（3）
		（西秦）建弘（8）
		（西涼）李恂永建（2）
辛酉	421	（北涼）滅（西涼）
癸亥	423	【宋】少帝景平（2）
甲子	424	【宋】文帝元嘉（30）
		〔魏〕太武帝始光（5）
乙丑	425	（夏）赫連昌承光（3）
戊辰	428	（西秦）乞伏暮末永弘（4）
		（北涼）承玄（3）
		（夏）赫連定勝光（4）
		〔魏〕神䴥（4）
辛未	431	（夏）滅（西秦）
		〔吐谷渾〕滅（夏）
		（北涼）義和（2）

		（北燕）馮弘大興（6）
壬申	432	〔魏〕延和（3）
癸酉	433	（北涼）沮渠牧犍永和（7）
乙亥	435	〔魏〕太延（6）
丙子	436	〔魏〕滅（北燕）
己卯	439	〔魏〕滅（北涼）
		十六國悉亡。

註：本表主要根據十六國春秋、資治通鑑增改。

前涼年號，十六國春秋、晉書 載記、資治通鑑與玉海所記頗爲不同。玉海所記，前涼年號，不詳何年改元，且據斯坦因在新疆所獲文獻證明頗不可靠。一般年表，多依據之，附註於後，聊供參考。

前涼有升平八年的紀年，係據馬司帛洛斯坦因第三次中亞探檢所獲漢文文獻考（法文）。

十國年表

十國	907—979年	共73年

（一）

吴	892—937年	共46年
楚	896—951年	共56年
閩	897—946年	共50年
吴越	893—978年	共86年
前蜀	891—925年	共35年
後蜀	925—965年	共41年
南唐	937—975年	共39年
南漢	905—971年	共67年
北漢	951—979年	共29年
南平（荆南）	907—963年	共57年

（二）

1. 舊史所謂五代及宋的名稱，用【　】；所謂十國，用（　）；此外諸國，用〔　〕。

2. 表中所載，除注明者外，均係元年。

3. 年號之後，括弧内的數字，是該年號使用的年數。

甲子	公元	
丁卯	907	【後梁】太祖開平（5）
		〔晉〕李克用天祐4年（仍用唐昭宗年號）
		（吴）楊渥天祐4年
		（楚）馬殷，用後梁年號。
		（前蜀）王建天復7年（用唐昭宗年號）
		（吴越）錢鏐天祐4年，四月後用後梁年號。
		（南漢）劉隱，用後梁年號。
		（閩）王審知，用後梁年號。
		（南平）高季昌，後改名季興。南平未建元。
		〔契丹〕太祖（10）
戊辰	908	〔晉〕李存勗天祐5年（—19年）
		（吴）楊隆演天祐5年（—15年）
		（前蜀）武成（3）
		（吴越）自稱天寶（4）

辛未	911	【後梁】乾化（5）
		（前蜀）永平（5）
癸酉	913	【後梁】末帝（未改元）
乙亥	915	【後梁】貞明（7）
丙子	916	（前蜀）通正（1）
		〔契丹〕太祖神册（6）
丁丑	917	（前蜀）改國號漢，天漢（1）。
		（南漢）劉龑乾亨（9）
戊寅	918	（前蜀）光天（一作光大）（1）
己卯	919	（前蜀）王衍乾德（6）
		（吴）武義（2）
辛巳	921	【後梁】龍德（3）
		（吴）楊溥順義（6）
壬午	922	〔契丹〕天贊（5）
癸未	923	【後唐】莊宗同光（4）
		（吴越）用後唐年號
		（楚）用後唐年號
		（閩）用後唐年號
甲申	924	（吴越）自稱寶大（2）
乙酉	925	（前蜀）咸康，滅於後唐。

（南漢）白龍（3）

丙戌　926　【後唐】明宗天成（5）

（吴越）自稱寶正（7）

〔契丹〕太宗天顯（12）

丁亥　927　（吴）乾貞（2）

戊子　928　（南漢）大有（15）

己丑　929　（吴）太和（6）

庚寅　930　【後唐】長興（4）

癸巳　933　（閩）王延均龍啓（2）

甲午　934　【後唐】愍帝應順，末帝清泰（3）。

（後蜀）孟知祥明德（4）

乙未　935　（吴）天祚（2）

（閩）永和（1）

丙申　936　【後晉】高祖天福（9）

（閩）王昶通文（4）

丁酉　937　（南唐）李昪昇元（7），受吴禪。

戊戌　938　（後蜀）孟昶廣政（28）

〔契丹〕會同（10）

己亥　939　（閩）王曦永隆（6）

壬寅　942　（南漢）劉玢光天（2）

癸卯	943	（南漢）劉晟應乾，乾和（16）。
		（南唐）李璟（一作景）保大（15）
		（閩）王延政以建州稱帝，國號殷，天德（3）。
甲辰	944	【後晉】開運（3）
丙午	946	（南唐）滅閩
丁未	947	【後漢】高祖天福12年
		〔遼〕世宗天禄（5）
戊申	948	【後漢】乾祐（3）。隱帝（未改元）。
		（吴越）用後漢年號
		（楚）用後漢年號
辛亥	951	【後周】太祖廣順（3）
		（北漢）劉旻乾祐4年（—7年）
		（吴越）用後周年號
		（楚）稱臣於南唐，用其年號。滅於南唐。
		〔遼〕穆宗應曆（19）
甲寅	954	【後周】顯德（7）。世宗（未改元）。
乙卯	955	（北漢）劉承鈞乾祐8年（—9年）。
丁巳	957	（北漢）天會（1—12）

戊午	958	（南漢）大寶（14）。劉鋹（未改元）
		（南唐）中興，交泰。後改用後周年號。
己未	959	【後周】恭帝（未改元）
庚申	960	【宋】太祖建隆（4）
		（南唐）用宋年號
		（吴越）用宋年號
癸亥	963	【宋】乾德（6）
		（南平）納地歸宋
乙丑	965	【宋】滅後蜀
戊辰	968	【宋】開寶（9）
己巳	969	（北漢）劉繼元天會13年（—17年）
		〔遼〕景宗保寧（11）
辛未	971	【宋】滅南漢
甲戌	974	（北漢）廣運（6）
乙亥	975	【宋】滅南唐
丙子	976	【宋】太宗太平興國（9）
戊寅	978	（吴越）納地歸宋
己卯	979	【宋】滅北漢
		十國悉亡。

註：主要根據五代史記世家，萬斯同五代諸國年表增訂。

中日對照年表

天　皇	年　號	年　數	元年的日本紀元	元年的公元	元年的中國年代
神　武*	——	76	1	前 660	周：惠王 17
綏　靖	——	33	80	581	簡王 5
安　寧	——	38	113	548	靈王 24
懿　德	——	34	151	510	敬王 10
孝　昭	——	83	186	475	元王 2
孝　安	——	102	269	392	安王 10
孝　靈	——	76	371	290	赧王 25
孝　元	——	57	447	214	秦：始皇帝 33
開　化	——	60	504	157	漢：文帝 7
崇　神	——	68	564	97	天漢 4
垂　仁	——	99	632	29	建始 4
景　行	——	60	731	公元 71	永平 14
成　務	——	60	791	131	永建 6
仲　哀	——	9	852	192	初平 3
神功皇后	——	69	861	201	建安 6
應　神	——	41	930	270	晉：泰始 6
仁　德	——	87	973	313	建興 1
履　中	——	6	1060	400	隆安 4
反　正	——	6	1066	406	義熙 2
允　恭	——	42	1072	412	義熙 8
安　康	——	3	1114	454	宋：孝建 1
雄　略	——	23	1117	457	大明 1
清　寧	——	5	1140	480	齊：建元 2
顯　宗	——	3	1145	485	永明 3
仁　賢	——	11	1148	488	永明 6
武　烈	——	8	1159	499	永元 1
繼　體	——	25	1167	507	梁：天監 6

* 此表自“神武”開始，并引用了“神武天皇”的紀年，這是不可靠的。我們所以採入這項“元年的日本紀元”，乃是爲了讀日本舊史的方便。特爲聲明。

天　皇	年　號	年　數	元年的日本紀元	元年的公元	元年的中國年代
安　閑	——	2	1194	534	中大通　6
宣　化	——	4	1196	536	大同　2
欽　明	——	32	1200	540	大同　6
敏　達	——	14	1232	572	陳：太建　4
用　明	——	2	1246	586	至德　4
崇　峻	——	5	1248	588	隋：開皇　8
推　古	——	36	1253	593	開皇　13
舒　明	——	13	1289	629	唐：貞觀　3
皇　極	——	3	1302	642	貞觀　16
孝　德	大　化	5	1305	645	貞觀　19
	白　雉	5	1310	650	永徽　1
齊　明	——	7	1315	655	永徽　6
天　智	——	10	1322	662	龍朔　2
弘　文	——	1	1332	672	咸亨　3
天　武	白　鳳	13	1333	673	咸亨　4
	朱　鳥	1	1346	686	嗣聖　3
持　統	——	10	1347	687	嗣聖　4
文　武	——	4	1357	697	嗣聖　14
	大　寶	3	1361	701	嗣聖　18
	慶　雲	4	1364	704	嗣聖　21
元　明	和　銅	7	1368	708	景龍　2
元　正	靈　龜	2	1375	715	開元　3
	養　老	7	1377	717	開元　5
聖　武	神　龜	5	1384	724	開元　12
	天　平	20	1389	729	開元　17
	天平感寶	1	1409	749	天寶　8
孝　謙	天平勝寶	8	1409	749	天寶　8
	天平寶字	8	1417	757	至德　2
淳　仁	（未改元）	6	1418	758	乾元　1
稱　德	天平神護	2	1425	765	永泰　1
	神護景雲	3	1427	767	大曆　2

天　皇	年　號	年　數	元年的日本紀元	元年的公元	元年的中國年代
光　仁	寶　龜	11	1430	770	大曆　5
	天　應	1	1441	781	建中　2
桓　武	延　曆	24	1442	782	建中　3
平　城	大　同	4	1466	806	元和　1
嵯　峨	弘　仁	14	1470	810	元和　5
淳　和	天　長	10	1484	824	長慶　4
仁　明	承　和	14	1494	834	太和　8
	嘉　祥	3	1508	848	大中　2
文　德	仁　壽	3	1511	851	大中　5
	齊　衡	3	1514	854	大中　8
	天　安	2	1517	857	大中　11
清　和	貞　觀	18	1519	859	大中　13
陽　成	元　慶	8	1537	877	乾符　4
光　孝	仁　和	4	1545	885	光啓　1
宇　多	寬　平	9	1549	889	龍紀　1
醍　醐	昌　泰	3	1558	898	光化　1
	延　喜	22	1561	901	天復　1
	延　長	8	1583	923	後唐：同光　1
朱　雀	承　平	7	1591	931	長興　2
	天　慶	9	1598	938	後晉：天福　3
村　上	天　曆	10	1607	947	開運　4
	天　德	4	1617	957	後周：顯德　4
	應　和	3	1621	961	宋：建隆　2
	康　保	4	1624	964	乾德　2
冷　泉	安　和	2	1628	968	開寶　1
圓　融	天　禄	3	1630	970	開寶　3
	天　延	3	1633	973	開寶　6
	貞　元	2	1636	976	太平興國　1
	天　元	5	1638	978	太平興國　3
	永　觀	2	1643	983	太平興國　8
花　山	寬　和	2	1645	985	雍熙　2

天　皇	年　號	年　數	元年的日本紀元	元年的公元	元年的中國年代
一　條	永　延	2	1647	987	雍熙　4
	永　祚	1	1649	989	端拱　2
	正　曆	5	1650	990	淳化　1
	長　德	4	1655	995	至道　1
	長　保	5	1659	999	咸平　2
	寬　弘	8	1664	1004	景德　1
三　條	長　和	5	1672	1012	大中祥符　5
後一條	寬　仁	4	1677	1017	天禧　1
	治　安	3	1681	1021	天禧　5
	萬　壽	4	1684	1024	天聖　2
	長　元	9	1688	1028	天聖　6
後朱雀	長　曆	3	1697	1037	景祐　4
	長　久	4	1700	1040	康定　1
	寬　德	2	1704	1044	慶曆　4
後冷泉	永　承	7	1706	1046	慶曆　6
	天　喜	5	1713	1053	皇祐　5
	康　平	7	1718	1058	嘉祐　3
	治　曆	4	1725	1065	治平　2
後三條	延　久	5	1729	1069	熙寧　2
白　河	承　保	3	1734	1074	熙寧　7
	承　曆	4	1737	1077	熙寧　10
	永　保	3	1741	1081	元豐　4
	應　德	3	1744	1084	元豐　7
堀　河	寬　治	7	1747	1087	元祐　2
	嘉　保	2	1754	1094	紹聖　1
	永　長	1	1756	1096	紹聖　3
	承　德	2	1757	1097	紹聖　4
	康　和	5	1759	1099	元符　2
	長　治	2	1764	1104	崇寧　3
	嘉　承	2	1766	1106	崇寧　5
鳥　羽	天　仁	2	1768	1108	大觀　2

天　皇	年　號	年　數	元年的日本紀元	元年的公元	元年的中國年代
	天　永	3	1770	1110	大觀　4
	永　久	5	1773	1113	政和　3
	元　永	2	1778	1118	重和　1
	保　安	4	1780	1120	宣和　2
崇　德	天　治	2	1784	1124	宣和　6
	大　治	5	1786	1126	靖康　1
	天　承	1	1791	1131	南宋：紹興　1
	長　承	3	1792	1132	紹興　2
	保　延	6	1795	1135	紹興　5
	永　治	1	1801	1141	紹興　11
近　衛	康　治	2	1802	1142	紹興　12
	天　養	1	1804	1144	紹興　14
	久　安	6	1805	1145	紹興　15
	仁　平	3	1811	1151	紹興　21
	久　壽	2	1814	1154	紹興　24
後白河	保　元	3	1816	1156	紹興　26
二　條	平　治	1	1819	1159	紹興　29
	永　曆	1	1820	1160	紹興　30
	應　保	2	1821	1161	紹興　31
	長　寬	2	1823	1163	隆興　1
	永　萬	1	1825	1165	乾道　1
六　條	仁　安	3	1826	1166	乾道　2
高　倉	嘉　應	2	1829	1169	乾道　5
	承　安	4	1831	1171	乾道　7
	安　元	2	1835	1175	淳熙　2
	治　承	4	1837	1177	淳熙　4
安　德	養　和	1	1841	1181	淳熙　8
	壽　永	2	1842	1182	淳熙　9
後鳥羽	元　曆	1	1844	1184	淳熙　11
	文　治	5	1845	1185	淳熙　12
	建　久	9	1850	1190	紹熙　1

天　皇	年　號	年　數	元年的日本紀元	元年的公元	元年的中國年代
土御門	正治	2	1859	1199	慶元　5
	建仁	3	1861	1201	嘉泰　1
	元久	2	1864	1204	嘉泰　4
	建永	1	1866	1206	開禧　2
	承元	4	1867	1207	開禧　3
順德	建暦	2	1871	1211	嘉定　4
	建保	6	1873	1213	嘉定　6
	承久	3	1879	1219	嘉定　12
仲恭	（承久3年即位，尋廢）			1221	嘉定　14
後堀河	貞應	2	1882	1222	嘉定　15
	元仁	1	1884	1224	嘉定　17
	嘉禄	2	1885	1225	寶慶　1
	安貞	2	1887	1227	寶慶　3
	寛喜	3	1889	1229	紹定　2
	貞永	1	1892	1232	紹定　5
四條	天福	1	1893	1233	紹定　6
	文暦	1	1894	1234	端平　1
	嘉禎	3	1895	1235	端平　2
	暦仁	1	1898	1238	嘉熙　2
	延應	1	1899	1239	嘉熙　3
	仁治	3	1900	1240	嘉熙　4
後嵯峨	寛元	4	1903	1243	淳祐　3
後深草	寶治	2	1907	1247	淳祐　7
	建長	7	1909	1249	淳祐　9
	康元	1	1916	1256	寶祐　4
	正嘉	2	1917	1257	寶祐　5
	正元	1	1919	1259	開慶　1
龜山	文應	1	1920	1260	景定　1
	弘長	3	1921	1261	景定　2
	文永	11	1924	1264	景定　5

天　皇	年　號	年　數	元年的日本紀元	元年的公元	元年的中國年代
後宇多	建　治	3	1935	1275	德祐　1
	弘　安	10	1938	1278	元：至元　15
伏　見	正　應	5	1948	1288	至元　25
	永　仁	6	1953	1293	至元　30
後伏見	正　安	3	1959	1299	大德　3
後二條	乾　元	1	1962	1302	大德　6
	嘉　元	3	1963	1303	大德　7
	德　治	2	1966	1306	大德　10
花　園	延　慶	3	1968	1308	至大　1
	應　長	1	1971	1311	至大　4
	正　和	5	1972	1312	皇慶　1
	文　保	2	1977	1317	延祐　4
後醍醐	元　應	2	1979	1319	延祐　6
	元　亨	3	1981	1321	至治　1
	正　中	2	1984	1324	泰定　1
	嘉　曆	3	1986	1326	泰定　3
	元　德	2	1989	1329	天曆　2
	元　弘	3	1991	1331	至順　2
（元弘2年分南北朝）					
（南朝）					
後醍醐	建　武	2	1994	1334	元統　2
	延　元	4	1996	1336	至元　2
後村上	興　國	6	2000	1340	至元　6
	正　平	24	2006	1346	至正　6
長　慶	（正平23年即位）			1368	明：洪武　1
	建　德	2	2030	1370	洪武　3
	文　中	3	2032	1372	洪武　5
	天　授	6	2035	1375	洪武　8
	弘　和	3	2041	1381	洪武　14

天　皇	年　號	年　數	元年的日本紀元	元年的公元	元年的中國年代
後龜山	元　中	9	2044	1384	洪武　17
（北朝）					
光嚴院	正　慶	2	1992	1332	元：至順　3
光明院	建　武	4年	1997	1337	至元　3
	曆　應	4	1998	1338	至元　4
	康　永	3	2002	1342	至正　2
	貞　和	5	2005	1345	至正　5
崇光院	觀　應	2	2010	1350	至正　10
後光嚴院	文　和	4	2012	1352	至正　12
	延　文	5	2016	1356	至正　16
	康　安	1	2021	1361	至正　21
	貞　治	6	2022	1362	至正　22
	應　安	7	2028	1368	明：洪武　1
後圓融院	永　和	4	2035	1375	洪武　8
	康　曆	2	2039	1379	洪武　12
	永　德	3	2041	1381	洪武　14
後小松院	至　德	3	2044	1384	洪武　17
	嘉　慶	2	2047	1387	洪武　20
	康　應	1	2049	1389	洪武　22
	明　德	3	2050	1390	洪武　23
（明德3年南北朝統一）					
後小松	明　德	4年	2053	1393	洪武　26
	應　永	34	2054	1394	洪武　27
稱　光	（應永19年即位）			1412	永樂　10
後花園	正　長	1	2088	1428	宣德　3
	永　享	12	2089	1429	宣德　4
	嘉　吉	3	2101	1441	正統　6
	文　安	5	2104	1444	正統　9
	寶　德	3	2109	1449	正統　14

天　皇	年　號	年　數	元年的日本紀元	元年的公元	元年的中國年代
	享　德	3	2112	1452	景泰　3
	康　正	2	2115	1455	景泰　6
	長　禄	3	2117	1457	天順　1
	寬　正	6	2120	1460	天順　4
後士御門	文　正	1	2126	1466	成化　2
	應　仁	2	2127	1467	成化　3
	文　明	18	2129	1469	成化　5
	長　享	2	2147	1487	成化　23
	延　德	3	2149	1489	弘治　2
	明　應	9	2152	1492	弘治　5
後柏原	文　龜	3	2161	1501	弘治　14
	永　正	17	2164	1504	弘治　17
	大　永	7	2181	1521	正德　16
後奈良	享　禄	4	2188	1528	嘉靖　7
	天　文	23	2192	1532	嘉靖　11
	弘　治	3	2215	1555	嘉靖　34
正親町	永　禄	12	2218	1558	嘉靖　37
	元　龜	3	2230	1570	隆慶　4
	天　正	19	2233	1573	萬曆　1
後陽成	文　禄	4	2252	1592	萬曆　20
	慶　長	19	2256	1596	萬曆　24
後水尾	元　和	9	2275	1615	萬曆　43
	寬　永	20	2284	1624	天啓　4
明　正	（寬永6年即位）			1629	崇禎　2
後光明	正　保	4	2304	1644	清：順治　1
	慶　安	4	2308	1648	順治　5
	承　應	3	2312	1652	順治　9
後西院	明　曆	3	2315	1655	順治　12
	萬　治	3	2318	1658	順治　15
	寬　文	12	2321	1661	順治　18

天　皇	年　號	年　數	元年的日本紀元	元年的公元	元年的中國年代
靈　元	延　寶	8	2333	1673	康熙　12
	天　和	3	2341	1681	康熙　20
	貞　享	4	2344	1684	康熙　23
東　山	元　祿	16	2348	1688	康熙　27
	寶　永	7	2364	1704	康熙　43
中御門	正　德	5	2371	1711	康熙　50
	享　保	20	2376	1716	康熙　55
櫻　町	元　文	5	2396	1736	乾隆　1
	寬　保	3	2401	1741	乾隆　6
	延　享	4	2404	1744	乾隆　9
桃　園	寬　延	3	2408	1748	乾隆　13
	寶　曆	13	2411	1751	乾隆　16
後櫻町	明　和	8	2424	1764	乾隆　29
後桃園	安　永	9	2432	1772	乾隆　37
光　格	天　明	8	2441	1781	乾隆　46
	寬　政	12	2449	1789	乾隆　54
	享　和	3	2461	1801	嘉慶　6
	文　化	14	2464	1804	嘉慶　9
仁　孝	文　政	12	2478	1818	嘉慶　23
	天　保	14	2490	1830	道光　10
	弘　化	4	2504	1844	道光　24
孝　明	嘉　永	6	2508	1848	道光　28
	安　政	6	2514	1854	咸豐　4
	萬　延	1	2520	1860	咸豐　10
	文　久	3	2521	1861	咸豐　11
	元　治	1	2524	1864	同治　3
	慶　應	3	2525	1865	同治　4
明　治	明　治	44	2528	1868	同治　7
大　正	大　正	14	2572	1912	中華民國　1
昭　和	昭　和		2586	1926	15

註：根據辻善之助大日本年表，參照三省堂模範最新世界年表改編。

公元甲子檢查表

共和以前,各書紀年互異。曾取而比較之。感於甲子之不便，因先化之爲公元。顧化算之際，若無善法，則費時而易誤。遂展轉製成此表，頗覺便捷。用特附録於此。

説明——（1）由甲子檢公元，須有相近之年以爲旁證而推知之；蓋甲子六十年一轉，相同者甚多也。若由公元檢甲子，則不勞考證，一檢即得。

（2）若所欲檢之年在公元前，則用甲表；在公元後，則用乙表。

（3）甲乙二表各分上中下三段。上段之左爲天干，中間六直行爲地支，右邊號碼則爲公元之單位。中段號碼係公元之十位。下段三直行之號碼，則係公元之百位與千位。而中段號碼，復分三層，上下兩層分隸於下段左右二行，有線表明，中層則隸於下段之中行。

檢查法——例如欲檢公元前 1909 年是何甲子：則就甲表中於下段檢得 19, 在中行；因於中段中層檢得 0，在靠左二行；隨即檢入上段中之同一直行，檢得其與右行 9 字相對之地支，係申字；與申字同在一横行之天干係壬字。因知公元前 1909 年係壬申年。

若欲檢公元後之甲子，則用同法在乙表檢之。

若由甲子檢公元，則倒轉上法而用之。

（甲表）公元前甲子檢查表

壬	戌	申	午	辰	寅	子	9
癸	亥	酉	未	巳	卯	丑	8
甲	子	戌	申	午	辰	寅	7
乙	丑	亥	酉	未	巳	卯	6
丙	寅	子	戌	申	午	辰	5
丁	卯	丑	亥	酉	未	巳	4
戊	辰	寅	子	戌	申	午	3
己	巳	卯	丑	亥	酉	未	2
庚	午	辰	寅	子	戌	申	1
辛	未	巳	卯	丑	亥	酉	0

5	4	3	2	1	0
1	0	9	8	7	6
7	6	5	4	3	2
3	2	1	0	9	8
9	8	7	6	5	4

2	1	0
5	4	3
8	7	6
11	10	9
14	13	12
17	16	15
20	19	18
23	22	21
26	25	24
29	28	27
32	31	30

（乙表）公元後甲子檢查表

庚	申	午	辰	寅	子	戌	0
辛	酉	未	巳	卯	丑	亥	1
壬	戌	申	午	辰	寅	子	2
癸	亥	酉	未	巳	卯	丑	3
甲	子	戌	申	午	辰	寅	4
乙	丑	亥	酉	未	巳	卯	5
丙	寅	子	戌	申	午	辰	6
丁	卯	丑	亥	酉	未	巳	7
戊	辰	寅	子	戌	申	午	8
己	巳	卯	丑	亥	酉	未	9

0	1	2	3	4	5
6	7	8	9	0	1
2	3	4	5	6	7
8	9	0	1	2	3
4	5	6	7	8	9

0	1	2
3	4	5
6	7	8
9	10	11
12	13	14
15	16	17
18	19	20
21	22	23
24	25	26
27	28	29
30	31	32

太歲紀年表

太歲，星名，亦名歲星，即木星也，約十二歲而一周天（即繞日一周）。故古人以其經行之躔次紀年，如歲在甲寅曰閼逢攝提格之類。後世作者每好沿用之。惟爾雅史記二書所載，頗有異同，兹並録之於下：

歲陽表		
	爾雅	史記
甲	閼逢	焉逢
乙	旃蒙	端蒙
丙	柔兆	游兆
丁	强圉	彊梧
戊	著雍	徒維
己	屠維	祝犂
庚	上章	商横
辛	重光	昭陽
壬	玄黓	横艾
癸	昭陽	尚章

歲陰表		
	爾雅	史記
子	困敦	同
丑	赤奮若	同
寅	攝提格	同
卯	單閼	同
辰	執徐	同
巳	大荒落	同
午	敦牂	同
未	協洽	同
申	涒灘	同
酉	作噩	同
戌	閹茂	淹茂
亥	大淵獻	同

中國歷史紀年表索引

索引說明

1. 本索引包括中國歷代國號、帝王廟號以及年號等。除開國帝王兼及姓名外，其餘但舉廟號；至東晉時十六國及五代時十國之君主，則概用姓名，不用廟號。

2. 每條右方所列號碼，係公元年代。凡屬國號均註明起訖；帝王姓名、廟號、年號各條，僅註元年。

3. 排列方法以筆畫多寡爲序。同筆畫的字，按照部首先後排列；第一字相同者，以第二字爲準；廟號、年號相同者，按其所屬朝代、帝王的筆畫、部首區別次第。

三　畫

四　畫

	宋	1023
	明	1425
	清	1796
仁壽	隋文帝	601
元公	宋	前 531
元	朝代名	1271—1368
元王	東周	前 476
元平	漢昭帝	前 74
元光	金宣宗	1222
	漢武帝	前 134
元初	東漢安帝	114
元延	漢成帝	前 12
元和	東漢章帝	84
	唐憲宗	806
元始	漢平帝	1
元封	漢武帝	前 110
元帝	東晉	317
	梁	552
	漢	前 48
	魏	260
元狩	漢武帝	前 122
元貞	元成宗	1295
元朔	漢武帝	前 128
元祐	宋哲宗	1086
元康	晉惠帝	291
	漢宣帝	前 65
元符	宋哲宗	1098
元統	元順帝	1333
元象	東魏孝靜帝	538
元熙	北漢劉淵	304
	東晉恭帝	419
元鼎	漢武帝	前 116
元嘉	宋文帝	424
	東漢桓帝	151
元壽	漢哀帝	前 2
元鳳	漢昭帝	前 80
元德	西夏崇宗	1120
元興	吴歸命侯	264
	東晉安帝	402
	東漢和帝	105
元徽	宋蒼梧王	473
元魏	即後魏	
元璽	前燕慕容儁	352
元豐	宋神宗	1078
六朝	吴晉宋齊梁陳六朝之總稱	222— 589
升平	東晉穆帝	357
天王	太平天国	1850

五　畫

北宋　宋代之前半期 960—1127

北周　北朝之一　557—581

北梁（即後梁）　南北朝時國名　555—587

北涼　東晉時十六國之一　397—439

北朝　魏北齊北周之總稱　386—581

北漢　五代時十國之一　951—979

北漢（即前趙）　東晉時十六國之一　304—329

北齊　北朝之一　550—577

北虢　兩周諸侯　前?—前 655

北燕　東晉時十六國之一　409—436

北魏（即後魏）　北朝之一　386—534

司馬炎　晉武帝　265

平公　宋　前 575

　　曹　前 527

　　齊　前 480

　　燕　前 557

平王　東周　前 770

　　楚　前 528

平帝　漢　1

幼主　元　1328

　　北齊　577

弘光　南明福王　1645

弘始　後秦姚興　399

弘昌　南涼傉檀　402

弘治　明孝宗　1488

弘道　唐高宗　683

末王　渤海　907

末主　西遼　1178

末帝　金　1234

　　後梁　913

本初　東漢質帝　146

本始　漢宣帝　前 73

正大　金哀帝　1224

正元　魏高貴鄉公　254

正平　後魏太武帝　451

正光　後魏孝明帝　520

正始　後燕高雲　407

　　後魏宣武帝　504

　　魏邵陵厲公　240

正治　大理聖德帝　1027

正統　明英宗　1436

正隆	金海陵王	1156
正德	西夏崇宗	1127
	明武宗	1506
正曆	渤海康王	795
永元	東漢和帝	89
	前涼張茂	320（？）
	齊東昏侯	499
永弘	西秦乞伏暮末	428
永平	東漢明帝	58
	前蜀王建	911
	後魏宣武帝	508
	晉惠帝	291（尋改）
永光	宋廢帝	465（尋改）
	漢元帝	前 43
永安	北涼沮渠蒙遜	401
	前涼張寔	317（？）
	西夏崇宗	1099
	吴景帝	258
	後魏孝莊帝	528
	晉惠帝	304（尋改）
永初	宋武帝	420
	東漢安帝	107
永和	北涼沮渠牧犍	433
	東晉穆帝	345
	東漢順帝	136
	後秦姚泓	416
	閩王延鈞	935
永始	漢成帝	前 16
永定	陳武帝	557
永昌	東晉元帝	322
	唐武后	689
永明	齊武帝	483
永明王	南明	1647
永建	西涼李恂	420
	東漢順帝	126
永貞	後理景宗	1148
	唐順宗	805
永泰	唐代宗	765
	齊明帝	498
永康	西秦乞伏熾盤	412
	東漢桓帝	167
	後燕慕容寶	396
	晉惠帝	300
永淳	唐高宗	682
永隆	唐高宗	680
	閩王曦	939
永寧	東漢安帝	120
	後趙石祗	350

六 畫

七　畫

八　畫

九　畫

咸亨	唐高宗	670
咸和	東晉成帝	326
咸康	東晉成帝	335
	前蜀王衍	925
咸淳	南宋度宗	1265
	渤海大彝震	831
咸清	西遼感天后	1144
咸通	唐懿宗	860
咸寧	後涼吕纂	399
	晉武帝	275
咸熙	魏元帝	264
咸雍	遼道宗	1065
咸豐	清文宗	1851
哀公	秦	前 536
	陳	前 568
	魯	前 494
哀宗	金	1224
哀侯	晉	前 717
	蔡	前 694
	燕	前 766
	韓	前 376
哀帝	東晉	362
	漢	前 6
契丹	國名,後改稱遼	
		907—947
姚泓	後秦	416
姚萇	後秦	384
姚興	後秦	394
威王	田	前 356
	楚	前 339
	韓	前 325
威侯	韓	前 332
威烈王	東周	前 425
宣公	宋	前 747
	秦	前 675
	曹	前 594
	陳	前 692
	齊	前 455
	魯	前 608
	燕	前 601
	衛	前 718
宣王	田	前 318
	西周	前 827
	渤海	819
	楚	前 369
宣和	宋徽宗	1119
宣宗	明	1426
	金	1213

建武　西燕慕容忠　386
東晉元帝　317
東漢光武帝　25
後趙石虎　335
晉惠帝　304（尋改）
齊明帝　494
建炎　南宋高宗　1127
建昭　漢元帝　前 38
建國　代什翼犍　338
建康　東漢順帝　144
建隆　宋太祖　960
建寧　東漢靈帝　168
建極　南詔景莊帝　860
建熙　前燕慕容暐　360
建義　西秦乞伏國仁　385
後魏孝莊帝　528(尋改）
建德　北周武帝　572
建興　吴侯官侯　252
成李雄　304
後燕慕容垂　386
晉愍帝　313
渤海宣王　819
蜀漢後主　223
建衡　吴歸命侯　269

後五代（今通稱五代）梁唐晉漢周之總稱　907—960
後元　漢武帝　前 88
後主　陳　583
蜀漢（亦稱後帝）　223
後周　五代之一　951—960
後金　後改稱清　1616—1636
後唐　五代之一　923—936
後晉　五代之一　936—946
後秦　東晉時十六國之一　384—417
後梁　五代之一　907—923
南北朝時國名　555—587
後涼　東晉時十六國之一　386—403
後理　國名　1097—1253
後蜀　五代時十國之一　925—965
後漢　五代之一　947—950
後漢（即東漢）　漢代之後半期　25—220
後趙　東晉時十六國之一　319—352

後燕	東晉時十六國之一	384—409
後魏	北朝之一	386—534
思宗	明	1628
拱化	西夏毅宗	1063
政和	宋徽宗	1111
春秋	時代名	前770—前481
（春秋經		前722—前481）
昭公	宋	前619
	晉	前531
	曹	前661
	齊	前632
	鄭	前696
	魯	前541
	燕	前586
昭王	西周	前966
	秦	前306
	楚	前515
	燕	前311
	魏	前295
昭成王	南詔	825
昭宗	唐	889
昭明帝	大理	986
昭侯	晉	前745
	蔡	前518
昭宣帝	唐	905
昭帝	漢	前86
昭烈帝	蜀漢	221
昭寧	東漢少帝	189（尋改）
昺	南宋	1278
段業	北涼	397
段隨	西燕	386
洪武	明太祖	1368
洪熙	明仁宗	1425
皇初	後秦姚興	394
皇始	前秦苻健	351
	後魏道武帝	396
皇建	北齊孝昭帝	560
	西夏襄宗	1210
皇祐	宋仁宗	1049
皇泰	隋恭帝侗	618
皇統	金熙宗	1141
皇慶	元仁宗	1312
皇興	後魏獻文帝	467
紀	兩周諸侯	前?—前690
耶律大石	西遼德宗	1124
胡	兩周諸侯	前?—前495
英宗	元	1321

十　畫

十一畫

十二畫

惠文王	秦	前 337
	秦（更元）	前 324
	趙	前 298
惠王	東周	前 676
	楚	前 488
	燕	前 278
惠成王	魏	前 369
	魏（後元）	前 333
惠宗	西夏	1069
惠帝	明	1399
	晉	290
	漢	前 194
普泰	後魏節閔帝	531
普通	梁武帝	520
景子	韓	前 408
景元	魏元帝	260
景公	宋	前 516
	晉	前 599
	秦	前 576
	齊	前 547
景王	東周	前 544
景平	宋少帝	423
景初	魏明帝	237
景和	宋廢帝	465（尋改）

景宗	西夏	1032
	後理	1148
	遼	969
景定	南宋理宗	1260
景明	後魏宣武帝	500
景炎	南宋端宗	1276
景侯	蔡	前 591
	魯	前 343
景帝	吴	258
	漢	前元:前 156
		中元:前 149
		後元:前 143
景泰	明代宗	1450
景祐	宋仁宗	1034
景莊帝	南詔	860
景湣王	魏	前 246
景雲	唐睿宗	710
景福	唐昭宗	892
	遼興宗	1031
景德	宋真宗	1004
景龍	唐中宗	707
景耀	蜀漢後主	258
智	兩周諸侯	前?—前 453
曾	兩周諸侯	前?—前 567

十三畫

十四畫

十五畫

十六畫

十七畫

二十四畫

二十九畫